D1696941

USA *DER SÜDWESTEN*

USA *DER SÜDWESTEN*

Fotografien von Gerd Kittel

Mit einer Einführung von Peggy Larson

Herder Freiburg · Basel · Wien

Für Inke

Für Rat und Unterstützung danke ich Stanley Baron,
Suzanne Crayson, Eberhard Hinkel, Wolfgang Keller,
Ralph Keller, Werner Kittel, Dick Rautenberg, Martin
Squires, Ingeborg Welther. Außerdem danke ich der
Deutschen Lufthansa AG

Gerd Kittel

Titel der Originalausgabe: Southwest USA
© der Fotografien Thames and Hudson Ltd. London 1986
© der Einführung Peggy Larson 1986
Übersetzung der Einführung Monika Schlitzer
© der deutschen Ausgabe
Verlag Herder Freiburg im Breisgau 1987
Alle Rechte an der deutschen Ausgabe vorbehalten.
Printed and bound in Japan by Dai Nippon
ISBN 3-451-20999-3

INHALT

Einführung
7

Bildlegenden
21

Bildteil
23

EINFÜHRUNG

Der Südwesten der USA ist eine einzigartige, grandiose Bühne, über die die verschiedenartigsten Kulturen und Menschen hinwegzogen, zu Fuß, zu Pferde oder im Planwagen. Es gibt kaum ein Gebiet, das in den letzten viereinhalb Jahrhunderten eine vergleichbare kulturelle Vielfalt erlebt hat.

Zur „Szenerie" gehören flache Kurzgrassteppen, Berge, Hochebenen, Flußtäler und Wüstengebiete. Das Land ist riesig, und oft begrenzt den Blick nur das Sehvermögen des menschlichen Auges. Die Straßen im Südwesten waren seit jeher kurvenreich. Trockenheit ist der bestimmende klimatische Faktor.

Zu den „Akteuren" gehörten Indianerstämme, manche wild und kriegerisch, andere friedlich, die spanischen „Conquistadores", die als rücksichtslose Eroberer in die Geschichte eingingen, und in ihrem Gefolge Priester, Mestizen und indianische Sklaven, außerdem mexikanische Großgrundbesitzer, arme Bauern und Viehzüchter, Goldsucher, Soldaten und Staatsbeamte, angloamerikanische Eindringlinge, die im allgemeinen den spanischen Eroberern vor ihnen an Grausamkeit und Habgier nicht nachstanden – und schließlich Menschen unterschiedlicher Nationalität, die heute noch durch die wirtschaftlichen Möglichkeiten, das Klima und die Schönheit dieses Landes angezogen werden.

Die „Handlung" ist von ständigen Konflikten gekennzeichnet: zwischen dem Menschen und seiner natürlichen Umwelt, zwischen einzelnen Kulturen, nicht selten auch zwischen den Menschen selbst. Die Spanier kamen in der Absicht, das Land und seine Bewohner zu unterwerfen. Zusammen mit ihren Nachfolgern ist ihnen das weitgehend gelungen. Aber auch das Land bezwang den Menschen, der es vereinnahmen wollte, und beide haben einander im Laufe der Zeit gegenseitig verändert. Ungefähr 15 000 Jahre lang hat die Umwelt den Menschen bestimmt. In den letzten 150 Jahren hat der Mensch begonnen, in zunehmendem Maße in die Natur einzugreifen: Er drängt sie zurück, formt sie neu und zerstört so die natürliche Schönheit dieses Landes.

Der amerikanische Westen beginnt entlang einer Linie, die nur auf Landkarten sichtbar ist: dem 100. Grad westlicher Länge. Er durchschneidet Nord- und Süddakota, Nebraska, Kansas,

Oklahoma und Texas. Mit ihm fällt ungefähr auch die 500-mm-Jahresniederschlagslinie der Great Plains, der großen Ebenen, die sogenannte Trockengrenze, zusammen. Nach Westen hin nimmt die Niederschlagsmenge im allgemeinen ab, das Land steigt zu den Rocky Mountains hin an. Landwirtschaft ist hier ohne künstliche Bewässerung sehr risikoreich, teilweise sogar völlig unmöglich. Die natürliche Landschaftsform ist die Kurzgrassteppe. Das riesige Gebiet, das zwischen den Rocky Mountains und der Sierra Nevada mit ihren angrenzenden Gebirgszügen liegt, weist semiaride, aride und auch extrem aride Regionen auf und wird durch kleinere Bergketten, Beckenlandschaften und Plateaus geprägt.

Als Teil des amerikanischen Westens umfaßt der trockene Südwesten die westlichsten Gebiete von Texas und Oklahoma, den Süden Utahs und Nevadas und den Südosten Kaliforniens. Das eigentliche Kerngebiet bilden die Staaten New Mexico und Arizona. Gebirgszüge erheben sich wie grüne Inseln aus den Trockengebieten, da sie höhere Niederschlagsmengen erhalten. Gewaltige Flüsse wie der Colorado und der Rio Grande durchziehen das Land und führen riesige Wassermengen mit. Das dominierende klimatische Merkmal dieses ganzes Gebietes aber ist die Trockenheit.

Der amerikanische Südwesten geht nahtlos in den mexikanischen Nordwesten über. Die Chihuahua-Wüste liegt zum größten Teil in Mexiko und setzt sich entlang des Rio Grande bis nach Texas im Osten und mit kleineren amöbenartigen Ausläufern fast bis Albuquerque in New Mexico sowie bis in das Grenzgebiet von Arizona fort. Nach Norden und Westen schließt sich wüstenartiges Grasland an, das auch das niedrige Bergland der südlichen kontinentalen Wasserscheide überzieht, die im Westen New Mexicos und im Osten von Arizona verläuft. Im Norden und zum Teil auch im Westen wird die Grassteppe durch Gebirgszüge begrenzt. An einigen Stellen geht sie in die Wüstengebiete des mexikanischen Bundesstaates Sonora über, die sich hufeisenartig um den Golf von Kalifornien nach Baja California ziehen. Den amerikanischen Teil dieses Wüstengebietes bildet die Gila-Wüste in Arizona.

Im Nordwesten schließt sich die Mohave-Wüste an, die den Südosten Kaliforniens einnimmt und auf den Süden Nevadas übergreift. Im Norden reicht sie bis an das Trockengebiet des Großen Beckens. Dieses ist allerdings höher gelegen und damit kühler als die Wüste im Süden und liegt größtenteils jenseits der Grenze des eigentlichen Südwestens. Wegen seiner Oberflächenformen wird das Große Becken als „Basin and Range Province", als Becken- und Gebirgsprovinz, bezeichnet, da die gewaltige Beckenlandschaft von kleinen Gebirgszügen durchsetzt ist, die das Gebiet aufgliedern. Gegen Südosten geht diese „Basin and Range Province" – oft unauffällig – in das Colorado-Plateau über. Dieses ungefähr 546 000 km² große Gebiet liegt zum größten Teil über 1500 m hoch. Sein landschaftliches Erscheinungsbild prägen horizontal abgelagerte Schichten farbiger Segmentgesteine, die von Wind und Wasser abgetragen und von mächtigen Flüssen tief zerklüftet wurden. So entstanden beeindruckende Canyons, Tafelberge, Felsklippen, Schluchten und die erstaunlichsten Felsformationen wie Spitzen, Bögen, Gewölbe, Brücken, Säulen und ähnliches mehr.

Knapp 500 km vom Nordrand des Golfs von Kalifornien entfernt befindet sich das heißeste, trockenste und tiefstgelegene Gebiet der Vereinigten Staaten. Vom Golf läuft eine Schwächezone der Erdkruste nach Norden, in deren nördlichem Abschnitt, in der Mohave-Wüste, das Death Valley, das Tal des Todes liegt. Hier befindet sich Badwater, mit 85,3 m unter NN der tiefste Punkt der westlichen Hemisphäre. In diesem Tal wurde mit 56,6°C die zweithöchste Lufttemperatur der Erde gemessen. Eine Untersuchung ergab für den Monat Juli eine höchste Durchschnittstemperatur von 49°C; an der Erdoberfläche wurden 87,7°C gemessen. Die Luftfeuchtigkeit lag bei 3%. Im Death Valley scheint die Sonne während 90% der möglichen Sonnenstunden des Tages. In den Wüstengebieten zwischen dem Golf und Death Valley sind 90 aufeinanderfolgende Tage mit mehr als 38°C keine Seltenheit.

Die geringsten jährlichen Niederschlagsmengen der Vereinigten Staaten wurden mit 40 mm ebenfalls im Death Valley verzeichnet. Dies ist jedoch ein Durchschnittswert, denn es gibt Gebiete, in denen es über lange Zeiträume überhaupt keine Niederschläge gibt. Im Death Valley sind von 50 Jahren jeweils zwei regenlos. Bagdad in der Mohave-Wüste hält mit 767 Tagen den Rekord für die längste Dürreperiode in den Vereinigten Staaten. Da die Temperatur sowohl von der geographischen Breite als auch von der Höhenlage abhängt, sind die Temperaturen nördlich und östlich des golfnahen Wüstenzentrums weniger extrem.

Unter ökologischen Gesichtspunkten lassen sich im Südwesten der USA verschiedene Lebensbereiche unterscheiden. Die tiefgelegenen Wüsten (Lower Sonoran) sind durch eine spezifische Wüstenvegetation gekennzeichnet. Im Plateau-Gebiet (Upper Sonoran) herrschen steppenhafte Gras- und Strauchvegetation oder auch Wacholder- und Pinon-(Ölsamenkiefer)-Wald vor. Im Südwesten sind dies die beiden verbreitetsten Lebensräume. In höheren Lagen und auf Bergen trifft man jedoch zunehmend auf kühlere und feuchtere Zonen. Vor allem im Plateau-Gebiet gibt es zahlreiche Berge, die höher als 3000 m sind. Nach der Höhenlage gestaffelt sind folgende Vegetationszonen vertreten: die Übergangszone mit Kiefernwäldern, das sogenannte Canadian mit Tannen-, das Hudsonian mit Fichten- und Tannenbestand und schließlich die arktisch-alpine Zone oberhalb der Baumgrenze.

Die Lebensbedingungen für Pflanzen und Tiere sind in weiten Teilen des Südwestens – vor allem natürlich in den extrem Trockengebieten – ausgesprochen hart: seltene und unregelmäßige Niederschläge, geringe Luftfeuchtigkeit, hohe Temperaturen über lange Zeiträume hinweg, extreme Temperaturschwankungen, lange Sonneneinstrahlung, Bodenerosion durch Wasser- und Windeinwirkung sowie unfruchtbarer Boden, der arm an Humusstoffen, aber reich an mineralischen Stoffen ist. Durch Anpassung an diese Bedingungen entwickelten sich einige der interessantesten Pflanzen- und Tierarten der Welt, die das charakteristische Aussehen des Südwestens prägen. Einige Pflanzen wachsen nur dort, wo sie die nötige Feuchtigkeit finden: Pappeln an Flüssen, die hoch in den Bergen entspringen, Mesquite-Bäume an periodisch wasserführenden Wüstenflüssen, Palmen am Rand der wenigen Oasen. Die Samen einjähriger Pflanzen können manchmal für Jahre in der Erde ruhen. Wenn es dann einmal regnet, keimen und wachsen sie schnell, blühen und bringen neue Samen hervor. Dann entfalten sich die bunten Teppiche wildwachsender Blumen, für die die Wüsten berühmt sind. Andere Arten haben sich dem Wassermangel ihrer Umwelt physiologisch und morphologisch angepaßt. So bilden die Xerophyten ein ausgedehntes Wurzelsystem aus, besitzen fleischige Blätter, die mit einer dicken Oberhaut überzogen sind oder geben bei gleichzeitiger Verdickung der Sprosse alle Blätter auf. Zu dieser Pflanzengruppe gehören die Saguaro-Kakteen, die auf felsigen Hängen wachsen und bis zu 15 Meter hoch, 10 Tonnen schwer und manchmal 100 Jahre alt werden; die widerstandsfähigen, dürreunempfindlichen Kreosot-Büsche, die nach einem sommerlichen Regenschauer stark duften, die Ocotillo-Sträucher mit ihren roten Stachelspitzen, die Agaven mit ihren fleischigen Blattrosetten, deren Herzen die Indianer sehr gern geröstet essen, sowie Yucca-Palmen, von denen eine Art, der Joshua-Baum, die mormonischen Landerkunder immer weiter lockte. Daneben wachsen in diesen Trockengebieten in ausgedehnten Beständen Pinon- und Wacholderbüsche, die sich durch eine rote Felsenlandschaft ziehen, sowie der Sagebrush, der nordamerikanische Steppenbeifuß, der, soweit das Auge reicht, Ebenen und Hügel mit einem gleichmäßigen, hellen Graugrün überzieht.

Auch viele Tierarten haben sich der wasserarmen Umwelt angepaßt. Allerdings haben sie gegenüber der Pflanzenwelt den Vorteil, nicht an einen festen Ort gebunden zu sein. Die Anpassung kann sich sowohl auf der Verhaltensebene als auch in physiologischer oder morphologischer Hinsicht äußern. Viele Tiere begnügen sich mit eingeschränkten Lebensbereichen, beispielsweise schattigen Stellen, unterirdischen Bauten oder Hohlräumen in Kakteen. Einige Arten sind nachtaktiv, andere dagegen Langschläfer.

Viele Tiere legen aber auch weite Strecken zurück, um zu Wasserstellen zu kommen. Vögel steigen mit dem Wind in höhere, kühlere Luftschichten auf. Nur an ihre Umwelt in höchstem Maße angepaßte Lebewesen wie die zu den Taschenmäusen zählenden tagschlafenden Taschenspringer (in den USA auch Känguruhratten genannt), die ihren Wasserbedarf aus einzelnen saftigen Pflanzenstücken decken, können unter diesen extremen Bedingungen leben.

Unter den Lebewesen gibt es allerdings eine Art, die biologisch und physiologisch für die extremen Lebensbedingungen im Südwesten kaum gerüstet ist: der Mensch. Und trotzdem hat er auch dieses Gebiet besiedelt. Möglich wurde das dadurch, daß er seinen Verstand vor allem dazu benutzte, Voraussetzungen zu schaffen, die ihm das Leben in diesem Gebiet ermöglichen: die Bereitstellung von Wasser für seinen eigenen Bedarf, für Bewässerungsanlagen und die Industrie; die Entwicklung von Kühlsystemen, die in geschlossenen Räumen für erträgliche Temperaturen sorgen.

Wann die ersten Menschen im Südwesten erschienen sind, ist noch immer umstritten, sicher aber waren sie schon vor 12 000 – 15 000 Jahren da. Sie jagten dort inzwischen längst ausgestorbene Tiere wie Elefanten, Kamele, Pferde, Faultiere und Bisons. 11 000 Jahre später fand man im Süden von Arizona Tierknochen, Speerspitzen, Steinwerkzeuge und Reste von Feuerstellen, die sie hinterlassen hatten. Mit dem Ende der Eiszeit um 10 000 v. Chr. starb die Großtierwelt allmählich aus bzw. wurde vom Menschen ausgerottet. 2000 Jahre später taucht die Cochise-Kultur auf, eine Jäger- und Sammlerkultur, die etwa acht Jahrtausende existierte. Um das Jahr 2000 v. Chr. drang aus Mexiko der Maisanbau in den Südwesten vor, bis zur Zeitwende folgten Kürbisse und Bohnen, und es entwickelte sich eine agrarische Lebensform.

Um die Zeitenwende lebten im Kerngebiet des Südwestens mehrere große Volksstämme. Die Anasazi (die Alten) siedelten im Plateau-Gebiet, wo heute die Staaten Utah, Colorado, Arizona und New Mexico zusammentreffen (Four Corners Country). Sie bauten feste Häuser, lebten in Dorfgemeinschaften und hielten Hund und Truthahn als Haustiere. Sie ersetzten die Speerschleuder durch Pfeil und Bogen, fertigten Tongegenstände, Flöten, Körbe und webten Baumwollstoffe sowie Gewänder aus Federn und flochten Sandalen. Die Anasazi-Kultur erreichte zwischen 1000 und 1300 ihren Höhepunkt. In jener Zeit entstanden große mehrstöckige Siedlungen oder Pueblos aus Lehm und Stein, die häufig aus Hunderten von Räumen bestanden und sowohl Versammlungsplätze als auch unterirdische Kivas (Zeremonialkammern) besaßen. Obwohl sie das Rad noch nicht kannten, bauten sie sechs Meter breite Straßen, die bis zu 320 Kilometer vom Dorf wegführten. Ihre Pueblos bauten die Anasazi entweder unter freiem Himmel, wie z. B. im Chaco Canyon, oder, besonders im Gebiet der Plateaus und Canyons, in riesige Felsüberhänge hinein. Ein Beispiel dafür sind die „White House"-Ruinen im Canyon de Chelly.

Die Hohokam (die Verschwundenen) kamen um 300 v. Chr. aus Mexiko in den Südwesten und siedelten sich im Süden Arizonas an, wo sie vom Ackerbau lebten. Trotz der Wasserarmut des Landes bauten sie mit Erfolg Kürbis, Bohnen, Mais und Baumwolle an, was nur bei künstlicher Bewässerung möglich war. Zu diesem Zweck hatten sie in der Beckenlandschaft des Salt- und Gila River ein kompliziertes, Hunderte von Kilometern langes Bewässerungssystem entwickelt, dessen rund 10 Meter breite und 4,5 Meter tiefe Kanäle sie von Hand ausgehoben hatten. Organisation und Kooperation waren Voraussetzung für ihr Überleben. Auch die sozialen, politischen und religiösen Strukturen der Hohokam waren hochentwickelt. Sie bauten Ballspielplätze, woben wunderschöne Baumwollstoffe, fertigten Tongefäße und Lehmfiguren, bearbeiteten Stein, entwickelten ein Ätzverfahren, mit dem sie Muscheln verzierten, und importierten außer Ideen auch Waren aus dem entfernten Mexiko wie zum Beispiel Kupferschellen und lebende Papageien.

Bis 1400 hatten sich die Bevölkerungszahlen der Hohokam und Anasazi drastisch verringert, und beide Kulturen waren vom Verfall gezeichnet. Die Ursachen hierfür sind bisher nicht eindeutig geklärt, wahrscheinlich hat jedoch eine längere Dürreperiode entscheidend dazu beigetragen. Man nimmt an, daß die Pima- und Tohono O'odham-(Papago-)Indianer Nachfahren der Hohokam-Indianer sind. Die Anasazi verließen viele ihrer Pueblos und zogen nach Süden und Osten, wo sich einige große Siedlungszentren entwickelten, z. B. die heute noch bewohnten Pueblos Ácoma, Hopi, Zuñi und einige andere im Rio Grande-Becken. Bis zum Jahr 1540 gab es ungefähr siebzig Pueblos; heute sind es nur noch weniger als die Hälfte. Als die plündernden nomadischen Stämme der Apachen und Navajos um 1500 aus dem Norden in dieses Gebiet einwanderten, mag dies die Konsolidierung der einzelnen Pueblos noch beschleunigt haben.

Aber erst als Coronados Armee im Sommer 1540 am südlichen Horizont auftauchte, wurde das Leben im Südwesten tiefgreifend verändert. Die Soldaten suchten Schätze, wie sie von den Spaniern während der vorangegangenen zwanzig Jahre weiter südlich erbeutet worden waren.

1521 hatte Hernando Cortés die mächtigen Azteken von Tenochtitlán (Mexico City) besiegt. Zwölf Jahre später kapitulierte das Inka-Reich in Peru vor dem brutalen Franzisco Pizarro. Kammern voller Gold und Silber, unglaubliche Schätze fielen an die habgierigen Sieger. Es war für sie eine neue Welt, deren Grenzen niemand kannte; und so war es nicht verwunderlich, daß Legenden und Mythen die Phantasie der Spanier beflügelten. Ihre verwegenen Träume kreisten um „El Dorado", um goldgepflasterte Städte und ein Volk von Amazonen. Getrieben von Goldgier, Ruhmsucht und Missionierungswillen drangen sie weit über die nördliche Grenze von Neu-Spanien, das bis zu den heutigen Nordgrenzen Arizonas und New Mexicos reichte, hinaus. Ihre eigene Beharrlichkeit, die Leichtgläubigkeit der indianischen Bevölkerung, vor allem aber ihre waffentechnische Überlegenheit führten zu raschen Erfolgen. Die Einstellung und das Verhalten der Spanier gegenüber den Einheimischen und dem Land selbst zeigten sich beispielhaft an der Expedition Coronados, und so sollte es, in unterschiedlicher Intensität, für die nächsten 300 Jahre bleiben.

Francisco Vásquez de Coronado ritt in prunkvoller, vergoldeter Rüstung mit federgeschmücktem Helm auf einem seiner dreiundzwanzig Pferde seinen Männern voran nach Norden. Zu seinem Gefolge gehörten 336 Europäer, zumeist Kavalleristen, drei weiße Frauen, ungefähr 1000 indianische Männer sowie einige Frauen und Kinder, außerdem vier Mönche, ein Troß von 1500 Pferden und Lasttieren und Hunderte von Ziegen, Schafen, Rindern und Schweinen. Drei Versorgungsschiffe unter dem Oberbefehl von Hernando de Alarcón segelten entlang der Westküste nach Norden bis zur Spitze des Cortés-Meers (des heutigen Golfs von Kalifornien). Die Armee suchte auf dem Landweg die sagenhaften „Sieben goldenen Städte von Cíbola". Ihre Lage glaubte man durch Berichte dreier Spanier und eines schwarzen Sklaven zu kennen, die davon erfahren haben wollten, als sie nach einem Schiffbruch 1528 vor Florida westwärts zogen, in indianische Gefangenschaft gerieten und schließlich 1536 nach Nordmexiko zurückkehrten.

Später wurde ein Sklave namens Estéban zusammen mit dem Franziskanermönch Marcos de Niza auf Erkundung ausgesandt. Estéban wurde in Háwikuh, einem Pueblo der Zuñi-Indianer im Nordwesten New Mexicos, offenbar im Streit um eine indianische Frau ermordet. Daraufhin machte der Franziskanermönch, der sich in sicherer Entfernung aufgehalten hatte, kehrt. Da er jedoch weder seine Auftraggeber enttäuschen noch zugeben wollte, daß er davongelaufen war, berichtete er, er habe Háwikuh von einem Hügel aus gesehen, und es sei „größer als die Stadt Mexiko" gewesen. Dies war der Auftakt für Coronados Expedition.

Welch ein Abenteuer muß das gewesen sein! Als Coronados Gefolgschaft, stark dezimiert, heruntergekommen und erschöpft, in den Pueblos der Zuñi anlangte, war die Enttäuschung groß. Es folgte ein Kampf mit den Bewohnern von Háwikuh, bei dem Coronado Verletzungen erlitt, als ihn von Hausdächern heruntergeschleuderte Felsbrocken an seinem Federhelm trafen. Entmutigt, aber noch nicht geschlagen, folgte Coronado erneut den goldenen Verheißungen, die die Indianer ihnen gerne offenbarten, um sie schnell wieder loszuwerden. Coronado sandte einen Trupp zu den Pueblos der Hopi im Nordosten Arizonas, ein anderer sollte Berichten über einen großen Fluß nachgehen und entdeckte dabei den Grand Canyon. Wieder andere seiner Leute, die von Melchior Díaz angeführt wurden, machten sich auf die Suche nach den Versorgungsschiffen. Zu seiner großen Enttäuschung entdeckte Díaz, daß der Golf weit entfernt im Südwesten lag. Alarcón war dort bereits gelandet und segelte den Colorado hinauf, ungefähr bis zur Höhe der heutigen Stadt Yuma. Da es ihm nicht gelungen war, mit der Landtruppe Kontakt aufzunehmen, hatte er unter einem markierten Baum Briefe vergraben und war weitergezogen. Díaz fand die Botschaften, doch vermutete er eine Falle der Yuma-Indianer. Also nahm er einen der Indianer gefangen, folterte und tötete ihn. Es folgte ein Kampf, bei dem noch weitere Mitglieder des Stammes ihr Leben lassen mußten.

Vom Plateau aus sandte Coronado einen weiteren Trupp unter Hernando de Alvaro Richtung Osten. Er erreichte den Rio Grande und nicht weit von Albuquerque die Pueblos der Tiguex-Indianer. Von dort zogen sie weiter nach Norden bis zum Pueblo Taos. Coronado folgte ihnen und vertrieb die Tiguex-Indianer aus einem ihrer Pueblos, das er als Winterquartier benutzen wollte. Die Eroberer forderten von den Indianern große Mengen an Nahrungsmitteln und Kleidung. Eine Indianerin wurde vergewaltigt. Als die Stammesmitglieder aufbegehrten, entbrannte ein Kampf. Die Indianer leisteten erbitterten Widerstand. Bei dem Kampf wurden über 100 Indianer getötet, ungefähr 70 konnten entkommen; 30 blieben übrig, die auf dem Scheiterhaufen sterben mußten.

Im Frühjahr marschierte Coronados Armee nordostwärts nach Kansas. Ausgelöst wurde dieses neue Unternehmen durch die verheißungsvollen Erzählungen eines Prärieindianers, den die Spanier gefangengenommen hatten. Zwischen den Hütten der Wichita-Indianer begriffen die Spanier die grausame Wahrheit: es gab in dieser Prärie weder Berge noch Bäume – und erst recht kein Gold. Coronado ließ den gefangenen Indianer erdrosseln und zog mit seinen Leuten zu den Tiguex-Pueblos zurück. Da sie im vorangegangenen Frühling die Einwohner vertrieben, getötet oder gefangengenommen hatten, gab es nun keine Versorgungsgüter mehr, die sie hätten beschlagnahmen können, so daß sie einen entbehrungsreichen Winter verbringen mußten. Zudem hatte sich Coronado bei einem Sturz von seinem Pferd schwer verletzt.

Geschlagen, krank und von vielen seiner Leute verspottet, kehrte Coronado nach Mexiko zurück, wo ihn weitere Demütigungen und Siechtum erwarteten. Zwölf Jahre später starb er im Alter von 44 Jahren. Er hatte die Reichtümer, nach denen er gesucht hatte, nicht gefunden und den Wert dessen, was er fand, nicht erkannt.

Nach Coronados Rückkehr hatten die Spanier verständlicherweise kaum noch Interesse an dem von ihnen heimgesuchten Land im Norden. Dennoch zogen einige kleinere Gruppen nach New Mexico; unter ihnen auch Mönche, von denen die meisten für ihren Glauben sterben mußten. Drei Mönche aus Coronados Armee, die nicht mit ihm zurückgegangen waren, erlitten das gleiche Schicksal. 1598 zog unter der Führung von Juan de Oñate wieder ein großer Siedlertrupp, bestehend aus 130 Familien und zusätzlich 300 Mann mit 7000 Stück Vieh, den Rio Grande flußaufwärts nach Norden. Sie nahmen ein Indianerdorf, das am Fluß lag, und die dazugehörenden Felder in Besitz und ließen die 1500 Indianer für sich arbeiten. Belohnt wurden sie dafür mit der Bekehrung zum christlichen Glauben. Während Oñate die Gegend erkundete, ritt eine Gruppe von 30 Siedlern zum Dorf Ácoma, das auf einem hohen Sandsteinfelsen erbaut war, und beschlagnahmte dort Nahrungsmittel. Den Indianern gelang es, die Spanier auf den Gipfel ihrer Himmelsstadt zu locken, wo sie den Anführer und 12 seiner Soldaten töteten.

Oñates grausamer Vergeltungsschlag folgte auf der Stelle. Die Spanier kamen mit 70 Mann zurück, von denen einige die steilen Felsen zum Pueblo hochkletterten. Dort metzelten sie drei Tage lang systematisch die Bewohner nieder. Einige stürzten sich selbst in den Tod. Nur 600 der ursprünglich 6000 Dorfbewohner sollen überlebt und sich ergeben haben. Einige von ihnen wurden als Sklaven gefangengenommen, den anderen Männern über 25 Jahre wurde ein Fuß abgehackt. Zwei Jahre später brannten dieselben Spanier drei Pueblos nieder, töteten 900 Indianer und nahmen 400 gefangen. Währenddessen stieß Oñate nach Kansas vor und zog dann weiter nach Südwesten, wo er die Mündung des Colorado erreichte. 1607 berief die Regierung ihn von seinem Gouverneursposten ab. Auf der Rückreise, die als Jornada del Muerto, als Totenreise, bekannt wurde, überfielen die Indianer Oñate und seine Begleiter, töteten aber nur einen von ihnen: den einzigen Sohn Oñates.

Oñates Nachfolger verlegte die Kolonie in eine andere, günstigere Gegend, wo er 1609 die Stadt Santa Fe gründete. Bis 1610 waren die Verwaltungsgebäude fertiggestellt; eines davon, der Palast des Gouverneurs, ist auch heute noch ein Brennpunkt des städtischen Geschehens und das älteste öffentliche Gebäude der USA.

1680 war der Gouverneurspalast Schauplatz der sogenannten Pueblorevolte. Die meisten der Pueblo-Indianer lebten im Grunde als Sklaven der Spanier, die sie für die Feldarbeit und den Kirchenbau einsetzten. Fünf Jahre lang hatten die Spanier eine Kampagne gegen die indianischen Kulthandlungen in den Pueblos geführt. Sie zerstörten die Kivas, klagten die religiösen Führer der Hexerei an und hängten drei von ihnen; die Zahl wäre höher gewesen, hätten nicht 70 Krieger den Palast gestürmt. Ein Indianer namens Popé entging dadurch dem Galgen und floh nach Taos, von wo aus er den Angriff der Pueblo-Indianer gegen die Spanier leitete.

Im August 1680 wurden 400 Spanier getötet, darunter 21 der 32 Priester in New Mexico. Die Überlebenden zogen sich in den Gouverneurspalast zurück, wo sie der Belagerung zehn Tage standhielten. Sie töteten 350 Indianer, bevor die Angreifer den Bach stauten, der den Palast mit Wasser versorgte. Die Indianer erlaubten den noch etwa 1000 Spaniern, die sich im Palast verschanzt hatten bzw. in der Umgebung lebten, New Mexico zu verlassen und zu Fuß Richtung Süden nach Neu-Spanien abzuziehen. Die Indianer besetzten den Palast und zerstörten alles, was sie an die Spanier erinnerte, auch die Missionskirchen in den Pueblos. Nur in Ácoma und in Isleta entgingen die Kirchen der Zerstörung, so daß sie auch heute noch benutzt werden können.

Es dauerte dreizehn Jahre, bis die Spanier nach New Mexico zurückkamen. Erst 1693 führte Diego de Vargas eine Gruppe von Siedlern nach Santa Fe. Er forderte die Indianer auf, den Palast zu verlassen, und als sie sich weigerten, wandte er ihre eigene Taktik noch einmal an: er unterbrach die Wasserversorgung. Die Indianer ergaben sich. Siebzig von ihnen wurden hingerichtet, 400 weitere als Sklaven gefangengenommen.

Es war eine lange und blutige Rückeroberung. Am Ende blieben die Spanier Sieger, aber der Preis dafür war hoch. In den folgenden 175 Jahren unterwarfen sie nicht nur die Pueblo-Indianer, sondern sie hatten darüber hinaus auch die wilden Stämme der Apachen, Comanchen, Navajos und Ute-Indianer zu bekämpfen, die erst relativ spät in den Südwesten kamen, deren Ruf sich aber schnell verbreitete und deren Name allein schon die Spanier, Mexikaner und Angloamerikaner in Angst und Schrecken versetzte.

In dieser Zeit lief die wichtigste Verkehrsverbindung nach New Mexico und Nordarizona über das zentrale Hochland von Mexiko, und erst allmählich gewannen auch die Küstenstriche entlang des Golfs von Kalifornien als Verbindungsweg nach Südarizona an Bedeutung. Wie viele andere Missionare zog auch der Jesuitenpater Eusebio Francisco Kino auf diesem Weg nach Norden, um den christlichen Glauben zu verbreiten. Kino kam 1687 in die Pimeria Alta, das Grenzgebiet von Nordmexiko und Südarizona, und blieb dort bis zu seinem Tode im Jahr 1711, um die Pima- und Tohono O'odham-Indianer zu christianisieren. Er gründete Missionen, machte die Einheimischen mit Saatgut und den europäischen Ackerbaumethoden bekannt und unterwies sie im Umgang mit bisher unbekannten Haustieren wie Schafen, Rindern und Pferden. Daneben bereiste er unermüdlich das Land und zeichnete zahlreiche Landkarten. Das wichtigste jedoch war, daß er den Indianern freundschaftlich begegnete und sie achtete; und viele von ihnen erwiderten seine Freundschaft. Die bekannteste der von ihm gegründeten Missionen, San Xavier del Bac, besitzt eine schöne Kirche, die nach Kinos Tod erbaut wurde.

Mexikanische Siedler und Soldaten drangen in Sonora und Chihuahua langsam nach Norden vor, aber der Druck der Comanchen im Osten und der Apachen in Nordmexiko, im Süden von New Mexico und Arizona wurde immer stärker, und ihre Übergriffe nahmen zu. Zum Schutz des Gebietes errichtete die mexikanische Regierung nicht weit von der heutigen mexikanischen Grenze von Golf zu Golf eine Linie sogenannter Presidios oder Garnisonsstädte. Eine dieser Garnisonen befand sich in Tubac, ungefähr sechzig Kilometer von San Xavier del Bac entfernt. Sie wurde 1776 nach Tucson verlegt, das wie eine Festung angelegt war. Im selben Jahr führte Juan Bautista de Anza, der Befehlshaber des Presidio von Tubac, eine Gruppe von 244 Siedlern durch die Wüste zur Pazifikküste – mehr als die Hälfte von ihnen waren Frauen und Kinder –, um eine Mission und ein Presidio zu gründen: das heutige San Francisco.

Die Zeit der spanischen Herrschaft in Neuspanien neigte sich langsam ihrem Ende zu und fand 1821 in einer Revolution, die zur Gründung des Staates Mexiko führte, ihren endgültigen Abschluß. Nach der blutigen Eroberung des Alamo, einer befestigten Missionskirche im heutigen San Antonio, durch die Texaner wurde Texas zur von Mexiko unabhängigen Republik ausgerufen und schließlich 1845 in die Vereinigten Staaten aufgenommen. Das „Manifest Destiny" (die Doktrin von der unvermeidbaren Expansion nach Westen) führte 1846 zum Krieg zwischen den Vereinigten Staaten mit Mexiko. Mit dem Frieden von Guadalupe Hidalgo 1848 und dem sogenannten Gadsden Purchase von 1853 vergrößerten die USA ihr Territorium um mehr als ein Drittel. Nach Texas hatten sie nun auch New Mexico, Arizona, Kalifornien, Nevada, Utah, die Hälfte des Staates Colorado und große Teile von Wyoming, Kansas und Oklahoma dazugewonnen. Nur acht Tage vor der Unterzeichnung des Friedensvertrages von Guadalupe Hidalgo war in Kalifornien Gold gefunden worden, was jedoch keinem der Unterzeichner bekannt war. In jenem Sommer ging ein Massenansturm nach Gold über das neu hinzugewonnene Land, das selbst Coronados Expedition in den Schatten stellte.

In der Folgezeit wurde der Südwesten von rücksichtslosen und nicht selten verrückten „Anglos" überrannt, deren Interessen häufig mit denen der Mexikaner und Indianer in Konflikt gerieten. Aber wie die verschiedenen Indianerstämme bekriegten sich auch Mexikaner und Indianer untereinander. Schnelle, dramatische und häufig katastrophale Veränderungen waren das Ergebnis. Die Apachen, Navajos und andere Stämme sahen die Neuankömmlinge mit Besorgnis; besonders nach 1848 spitzte sich die Situation dramatisch zu.

Die Apachen und Comanchen hatten mit Hilfe der Pferde, einer Errungenschaft, die sie den Spaniern verdankten, eine Lebensweise entwickelt, die im wesentlichen aus Überfällen und Raubzügen gegen mexikanische und angloamerikanische Siedler bestand. Oft trieben sie mit der Hilfe skrupelloser mexikanischer Händler einen schwunghaften Sklavenhandel mit Kindern und jungen Frauen, die sie bei Überfällen auf Siedlungen der Weißen oder gegnerischer Indianerstämme in Mexiko und in den USA entführten. Der Haß zwischen Mexikanern und Apachen war so groß, daß die Regierung des mexikanischen Staates Sonora um 1830 die Kopfgeldjagd auf Indianer unterstützte. Sie bezahlte 100 Pesos für den Skalp eines Apachenkriegers, 50 für den einer Squaw und 25 für den eines Kindes.

Einige der Apachen unterhielten ein freundschaftliches Verhältnis zu den Angloamerikanern, die ins Land kamen. Doch es fehlte nicht an Zwischenfällen. So wurde 1863 Mangas Coloradas, der große Häuptling der Mimbreno-Apachen, mit einer weißen Fahne in ein amerikanisches Goldsucher- und Militär-Camp gelockt, wo man ihn gefangennahm und mit glühenden Bajonettspitzen folterte. Schließlich wurde er „bei einem Fluchtversuch" erschossen.

Auch der angesehene Häuptling der Chiricahua-Apachen, Cochise, war den Weißen ursprünglich freundlich gesonnen. Als 1860 Apachen eines anderen Stammes eine Ranch weißer Siedler in Arizona überfielen und ein Kind entführten, beschuldigte Leutnant George Bascon von der US-Army, der erst kurz zuvor aus der Kadettenanstalt West Point in den Südwesten gekommen war, Cochise und seinen Stamm der Tat. Während eines Treffens, bei dem Cochise die Beteiligung seiner Leute bestritt, versuchte Bascon, den Häuptling gefangenzunehmen. Cochise entkam, aber fünf seiner Begleiter wurden festgenommen. Zwei von ihnen wurden bei Fluchtversuchen getötet. Mit drei weiteren Apachen, die später gefangengenommen wurden, waren es sechs. Die Apachen töteten als Vergeltung acht Weiße eines vorbeiziehenden Planwagenkonvois und nahmen drei weitere gefangen. Als drei mit Cochise befreundete Weiße kamen, um mit ihm zu verhandeln, wurden auch sie gefangengenommen. Cochise machte daraufhin Bascon den Vorschlag, die Gefangenen auszutauschen. Der Offizier weigerte sich jedoch, und Cochise folterte seine sechs Gefangenen zu Tode. Bascon seinerseits ließ die sechs Apachen aufhängen. Dies war der Beginn blutiger Auseinandersetzungen, die das Land ein Vierteljahrhundert lang beherrschten. Erst 1886 fanden sie mit der Niederwerfung des Apachenhäuptlings Geronimo ihr Ende. Er ergab sich mit den wenigen Überlebenden seines Stammes General Nelson Miles im Skeleton Canyon, nachdem die Mehrzahl der Indianer des Südwestens getötet oder in Reservate zurückgedrängt worden war.

Ab 1850 wurden überall im Südwesten Forts errichtet, das Land wurde vermessen und Eisenbahnlinien gebaut. Das Rindergeschäft blühte auf. Schon 1890 hatte die Überweidung im Süden Arizonas dauerhafte Schäden hinterlassen. Ströme von Goldsuchern zogen durch das ausgebrannte Land. Die Truppen der Südstaaten hißten während des Bürgerkriegs in New Mexico und Arizona die Flagge der Konföderierten; später gewannen die Truppen der Union wieder die Oberhand.

Der weite, wilde und von der Regierung kaum beachtete Südwesten zog „Outlaws" und Glücksritter aus Mexiko, Texas, Kalifornien und anderswo an. Jeder verteidigte seine Interessen selbst, und das ging gelegentlich auch auf Kosten der anderen. Samuel Colts Erfindung des sechsschüssigen Trommelrevolvers schrieb einen wichtigen Abschnitt der Geschichte des Südwestens.

1878 kam Ed Schieffelin nach Südarizona, ins Land der Apachen, um nach Gold zu suchen. „Das einzige, was du dort finden wirst, ist dein eigener Grabstein", warnte ihn ein Freund. Doch Schieffelin entdeckte große Gold- und Silberadern und gründete eine Siedlung, die er eingedenk der Warnung seines Freundes Tombstone nannte. Sie entwickelte sich bis zum Jahr 1880 zu einer lebendigen „Wild-West-Stadt" und besaß auch einen US-Marschall namens

Wyatt Earp. Dieser bekämpfte zusammen mit seinen drei Brüdern und einem Freund, „Doc" Holliday, die Brocius-Clanton-McLowery-Bande, eine Bande von Viehdieben und Banditen. Es kam zu dem berüchtigten Pistolenduell am O. K. Corral, doch blieb dies nicht die einzige dramatische Schießerei.

In New Mexico begann 1878 der Lincoln-County Cattle War, ein Rinderkrieg, in dem der Revolverheld Billy „The Kid" von sich reden machte. Er starb 1881 mit 21 Jahren, und die Zahl der Kerben auf seinem Gewehrkolben war mindestens ebenso hoch. Sundance Kid und Butch Cassidy hielten sich in den roten Felsenschluchten im Süden von Utah versteckt. Fragwürdige Existenzen wie sie gab es überall im Südwesten. Die Boot Hills und die einsamen, inzwischen vergessenen Friedhöfe füllten sich nicht zuletzt durch sie.

Einige Jahre zuvor, 1858, fuhr ein kleines Dampfschiff der amerikanischen Regierung den Colorado flußaufwärts bis zu den Dörfern der völlig isoliert lebenden Mohave-Indianer. Als das Schiff in der Nähe des heutigen Needles (Kalifornien) vorbeifuhr, erreichte ein Packzug von Kamelen, ein Experiment der US-Army, gerade den Fluß. Im selben Jahr kamen auch Missionare der Mormonen in diese Gegend, und die erste Planwagenkolonne mit Siedlerfamilien erreichte das Gebiet der Mohave-Indianer. Dies war wieder ein folgenschwerer Einschnitt.

Von 1852 bis 1856 hatten die Mohave-Indianer so wenig Kontakt mit den Weißen, daß sogar eine weiße Gefangene, Olive Oatmann, unbemerkt von den Offizieren der amerikanischen Armee, die etwas weiter flußabwärts in Fort Yuma waren, bei ihnen lebte. Olive hatte zu einer großen Gruppe von Siedlern gehört, die 1851 nach Kalifornien aufgebrochen war. Durch eine Reihe von Fehleinschätzungen und viel Unglück war ihre Familie dem Verhungern nahe und zudem allein, als sie am Gila-Fluß in Arizona von Yavapi-Indianern angegriffen wurde. Sechs von ihnen, der Vater, die schwangere Mutter und vier ihrer Geschwister wurden getötet. Die dreizehnjährige Olive und ihre achtjährige Schwester Mary Ann wurden gefangengenommen. Nachdem die Yavapi sie ein Jahr lang unter schrecklichen Bedingungen gefangengehalten hatten, kamen sie durch einen Tauschhandel zu den Mohave-Indianern. Dort wurden sie zwar gut behandelt, aber Mary Ann starb an den Folgen von Unterernährung. Obwohl es den Mohave-Indianern schwerfiel, wurde Olive 1856 von ihnen freigelassen. Im Alter von 18 Jahren kam sie dann, im Gesicht und an den Armen tätowiert, zurück in die Gesellschaft der Weißen.

Acht Jahre nach Olives Freilassung waren die Lebensbedingungen der Mohave-Indianer so katastrophal geworden, daß ihr Häuptling schließlich im schwarzen Anzug, in der Kleidung des weißen Mannes, nach Washington D. C. reiste, um Präsident Lincoln zu bitten, seinem

Volk ein Reservat zuzuweisen. Daß es Olive bei ihrem Aufenthalt bei den Mohave-Indianern nicht schlecht gegangen ist, zeigt die Tatsache, daß sie den Häuptling bei dieser Gelegenheit in New York aufsuchte, um etwas über ihre einstige indianische „Familie" und ihre Freunde zu erfahren.

Im Laufe unseres Jahrhunderts entstanden im Südwesten der USA viele große Städte. Das Reisen ist einfacher und angenehmer geworden, die Erfindung der Klimaanlage hat das Leben in der Wüste erträglicher gemacht, die unterschiedlichen Volksgruppen müssen einander nicht mehr fürchten, es gibt weniger Pferde, aber auch weniger Revolver. Der „Wilde Westen" wurde gezähmt und zivilisiert. Aber die geschichtlichen Wurzeln dieses faszinierenden Landes sind auch heute noch gegenwärtig. Rote Felsengebirge und ödes Wüstenland prägen noch immer sein Gesicht. Auch die spanische Sprache spielt in vielen Gegenden noch immer eine wichtige Rolle. Besonders an entlegenen Wasserläufen in New Mexico gibt es noch ganze Dörfer, die sehr stark spanisch geprägt sind. In unwirtlichen Wüstengebieten, im Gebirge und auf den Hochflächen der Tafelberge leben auch heute Indianer, die das kulturelle und religiöse Erbe ihrer Stämme lebendig erhalten. Wir aber haben endlich gelernt, uns gegenseitig zu respektieren und zu schätzen – in dem, was uns verbindet, und in dem, was uns voneinander unterscheidet.

*

Die Fotografien dieses Bandes machen die Geschichte des amerikanischen Südwestens lebendig. Sie dokumentieren die Verbindung, die zwischen dem Land und seinen Bewohnern besteht. Neben der grandiosen Naturszenerie sind auch die Veränderungen zu sehen, die das Land durch den Menschen erfahren hat. Die Menschen selbst treten eher in den Hintergrund, doch sprechen dadurch die Zeugnisse menschlicher Zivilisation nur eine umso deutlichere Sprache. Einige wenige Bauwerke, zum Beispiel die Pueblos der Indianer und die Missionsstation San Xavier del Bac, sind Beispiele architektonischer Vollkommenheit. Durch das Auge des Fotografen sehen wir das vom Menschen Geschaffene von seiner schönen, mondänen, aufdringlichen und häßlichen Seite. Auch die natürlichen Landschaften werden in ein besonderes Licht gerückt. So wird dem Betrachter ein größeres Verständnis für den Südwesten der USA vermittelt und der Blick für seine Einzigartigkeit und landschaftliche Schönheit geöffnet.

Peggy Larson

BILDLEGENDEN

1	Monument Valley, Arizona
2, 3	Grand Canyon, Arizona
4	Jim Gray's Indian Country, Straße zum Meteor Crater, Winslow, Arizona
5	Saguaro-Kakteen westlich von Tucson, Arizona
6, 7	Bryce Canyon, Utah
8, 9	White Sands, New Mexico
10–12	Badlands, Ödland zwischen Hanksville und Capitol Reef, Utah
13	Bei Silverton, Colorado
14	Östlich von Cortez, Colorado
15	Bei Flagstaff, Arizona
16	Indianische Ruinen, Pueblo-Zeit, 1100–1300 n.Chr., Canyon de Chelly, Arizona
17	Pueblo Taos, New Mexico
18	San Luis, Arizona
19	Pueblo Tesuque, New Mexico
20	Pueblo Taos, New Mexico
21	Pueblo Isleta, New Mexico
22	Sonntagmorgen in Globe, Arizona
23	Nördlich von Flagstaff, Arizona
24	Badlands, Ödland zwischen Hanksville und Capitol Reef, Utah
25	Östlich von Monticello, Utah
26	Filmkulisse, Old Tucson, Arizona
27	Sheriffsbüro, Filmkulisse, Old Tucson, Arizona
28	B & P Tavern, Lokal in Douglas, Arizona
29	Restaurant, Filmkulisse, Old Tucson, Arizona
30	Kirchenraum, Jerome, Arizona
31	Ojo Caliente, New Mexico
32–35	Mountainair, New Mexico
36	Cadillac bei Chiricahua, Arizona
37	Sandsturm, Yuma, Arizona
38, 39	Deming, New Mexico
40	Bei Pagosa Springs, Colorado
41	Westlich von Taos, New Mexico
42	Monument Valley, Arizona
43	Bei Dateland, Arizona
44	Westlich von Tuba City, Arizona
45	Nördlich von Tucson, Arizona

46	Monument Valley, Arizona
47	Ranch bei Delta, Colorado
48	Gaskessel bei Mohawk, Arizona
49	Westlich von Tucson, Arizona
50	Ranch bei Springer, New Mexico
51	Ruinen von Fort Union, New Mexico
52	Badlands, Ödland zwischen Hanksville und Capitol Reef, Utah
53	Nördlich von Carrizozo, New Mexico
54	Bei Aztec, Arizona
55	Cadillac, Gadsden, Arizona
56	San Xavier del Bac (Franziskaner-Mission aus dem 18. Jahrhundert), Tucson, Arizona
57	Eisenbahnwaggons der Southern Pacific, Tucson, Arizona
58	Bei Casa Grande, Arizona
59	Kino, Springer, New Mexico
60, 61	Hotel Gadsden, Douglas, Arizona
62, 63	Mission San Xavier del Bac, Tucson, Arizona
64	Südlich von Tucson, Arizona
65	Ende eines Sandsturms bei Casa Grande, Arizona
66	Bei Belen, New Mexico
67	Badlands, Ödland zwischen Hanksville und Capitol Reef, Utah
68	Rosebud Saloon, Mountainair, New Mexico
69	Raststätte zwischen Williams und Kingman, Arizona
70–72	Hotel Congress, Tucson, Arizona
73	B & P Tavern, Lokal in Douglas, Arizona
74, 75	Motel, Lordsburg, New Mexico
76, 77	Motel Coronado, Williams, Arizona
78, 79	Café Douglas, Douglas, Arizona
80	Motel, Las Vegas, Nevada

BILDTEIL

1

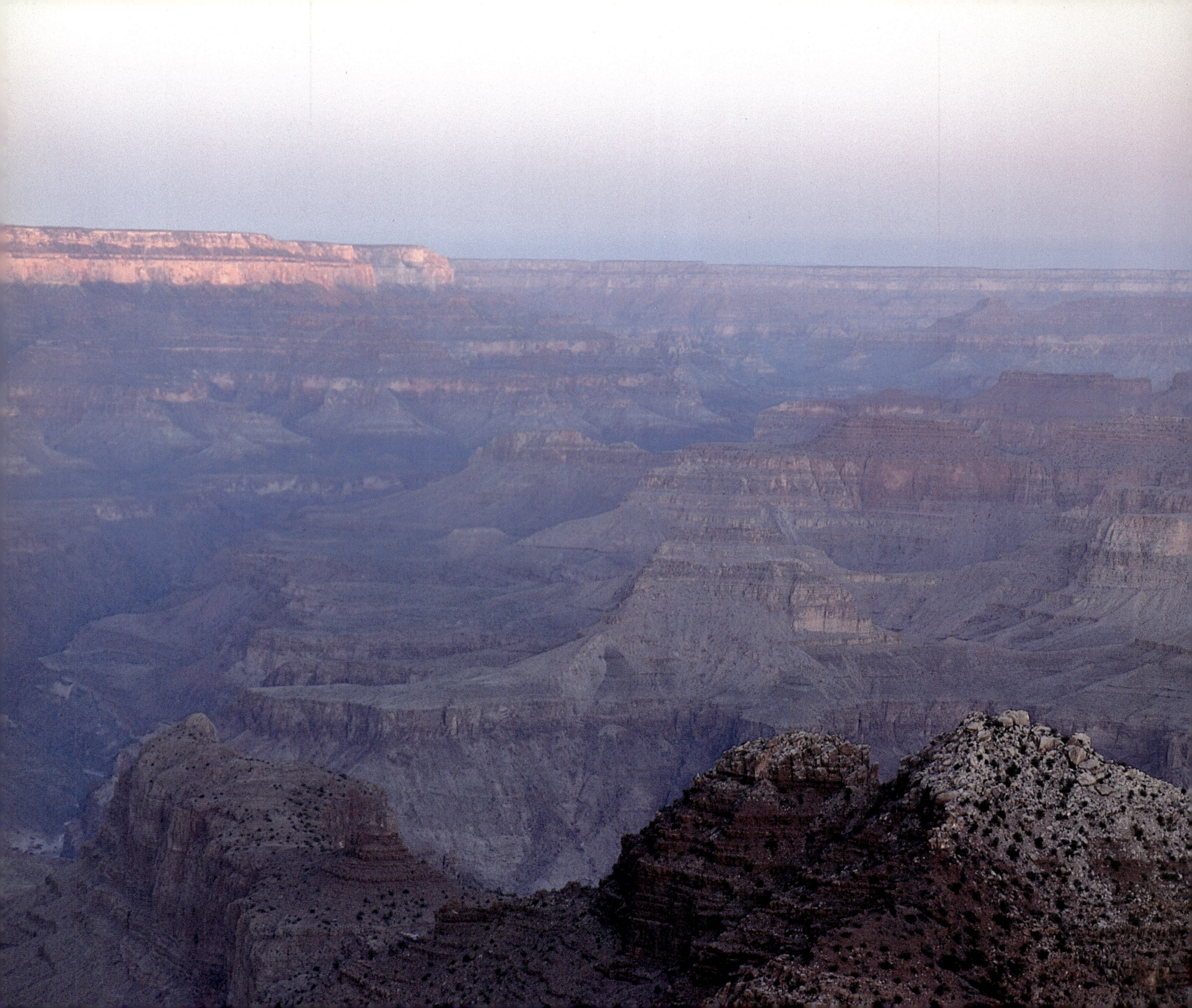

◁ 2
3

4

5

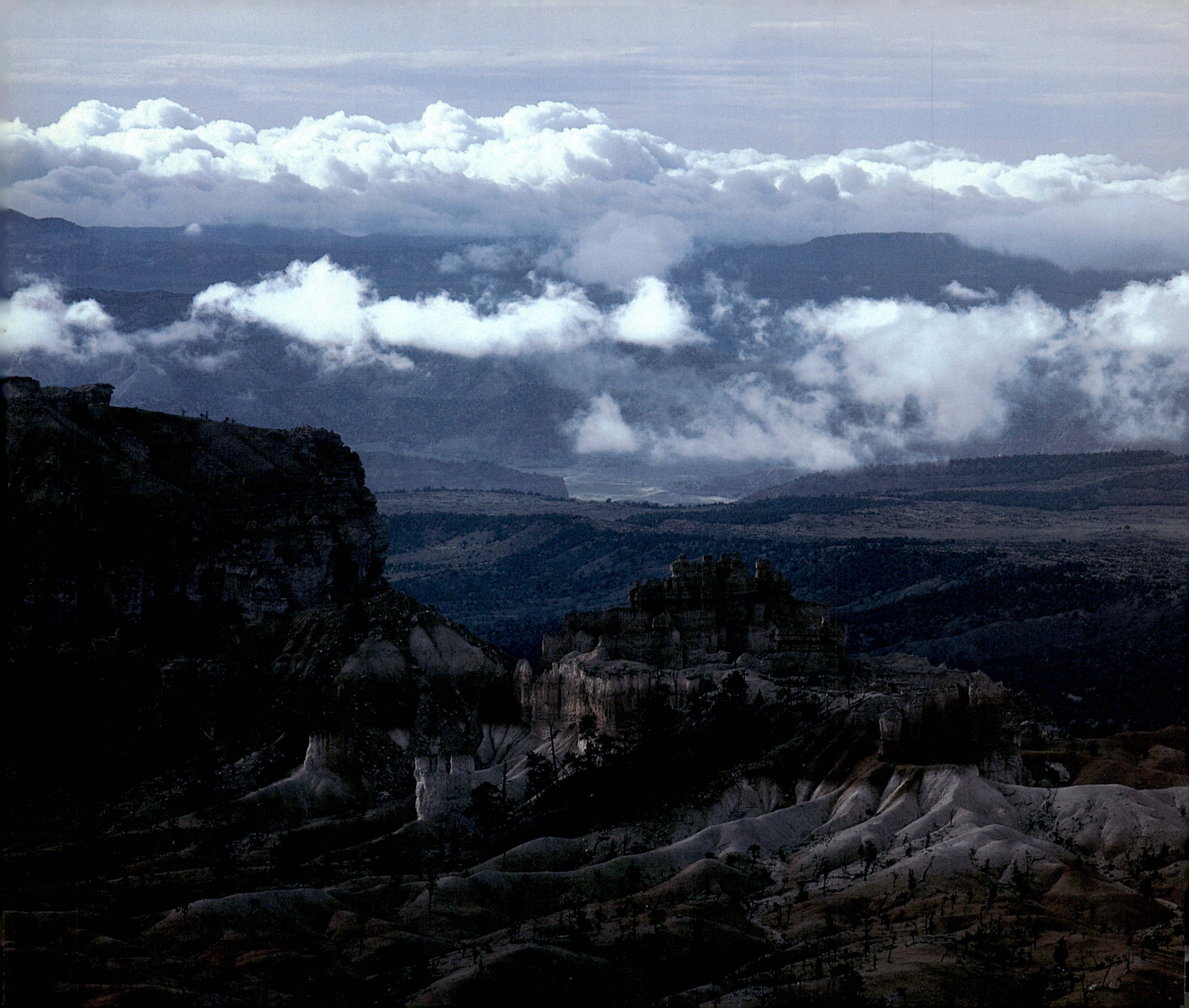

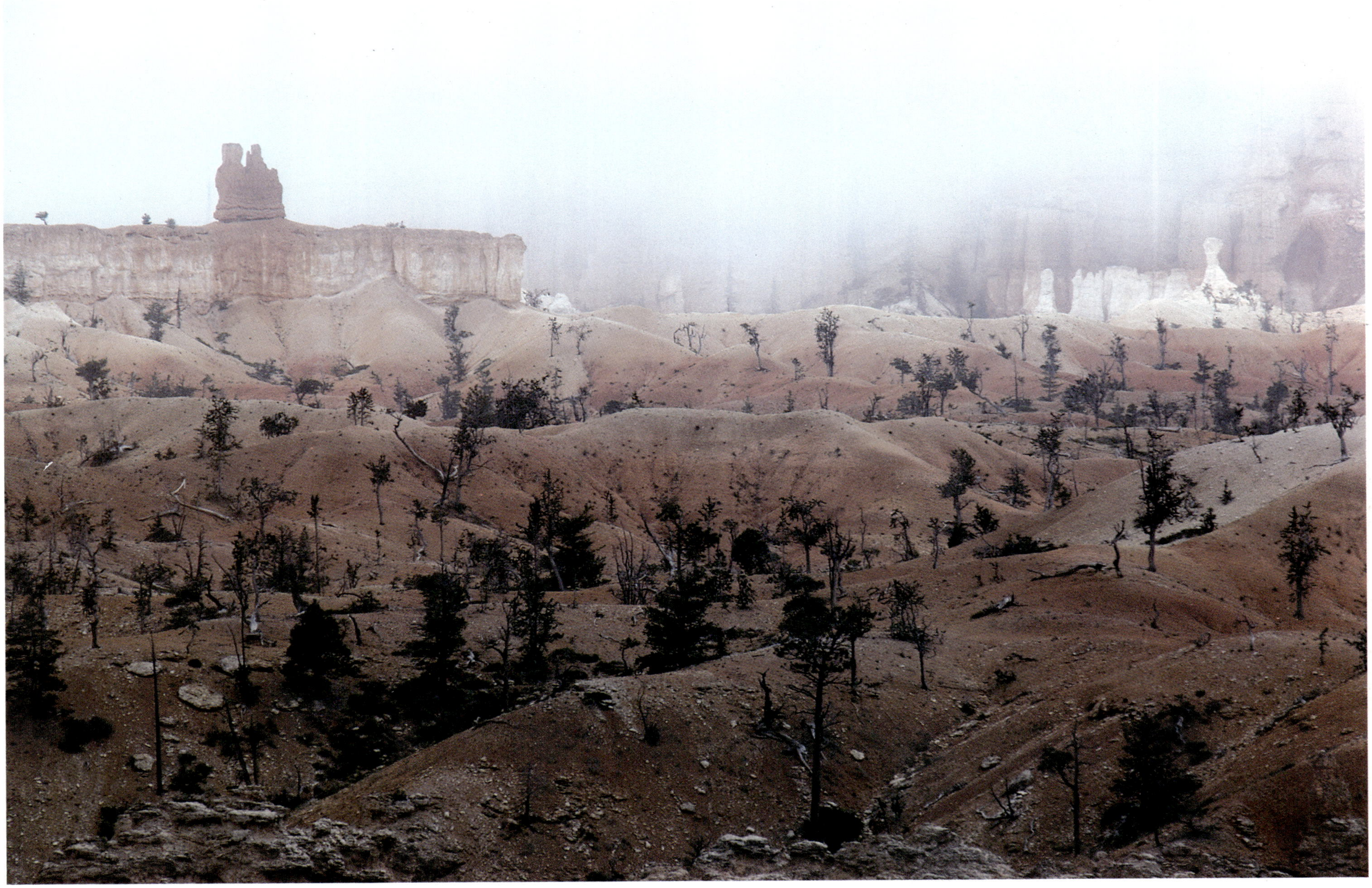

◁6 7

8

9

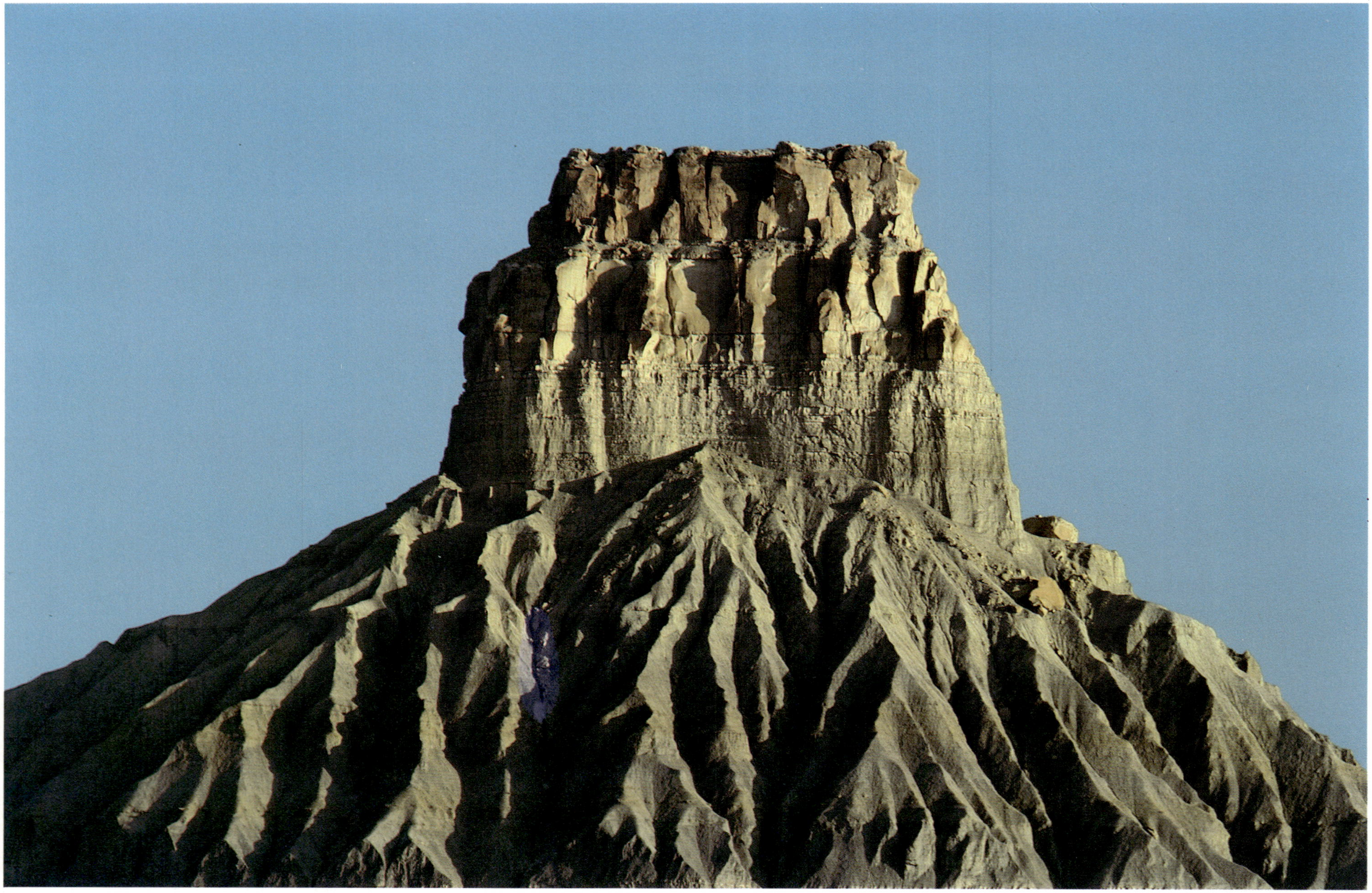

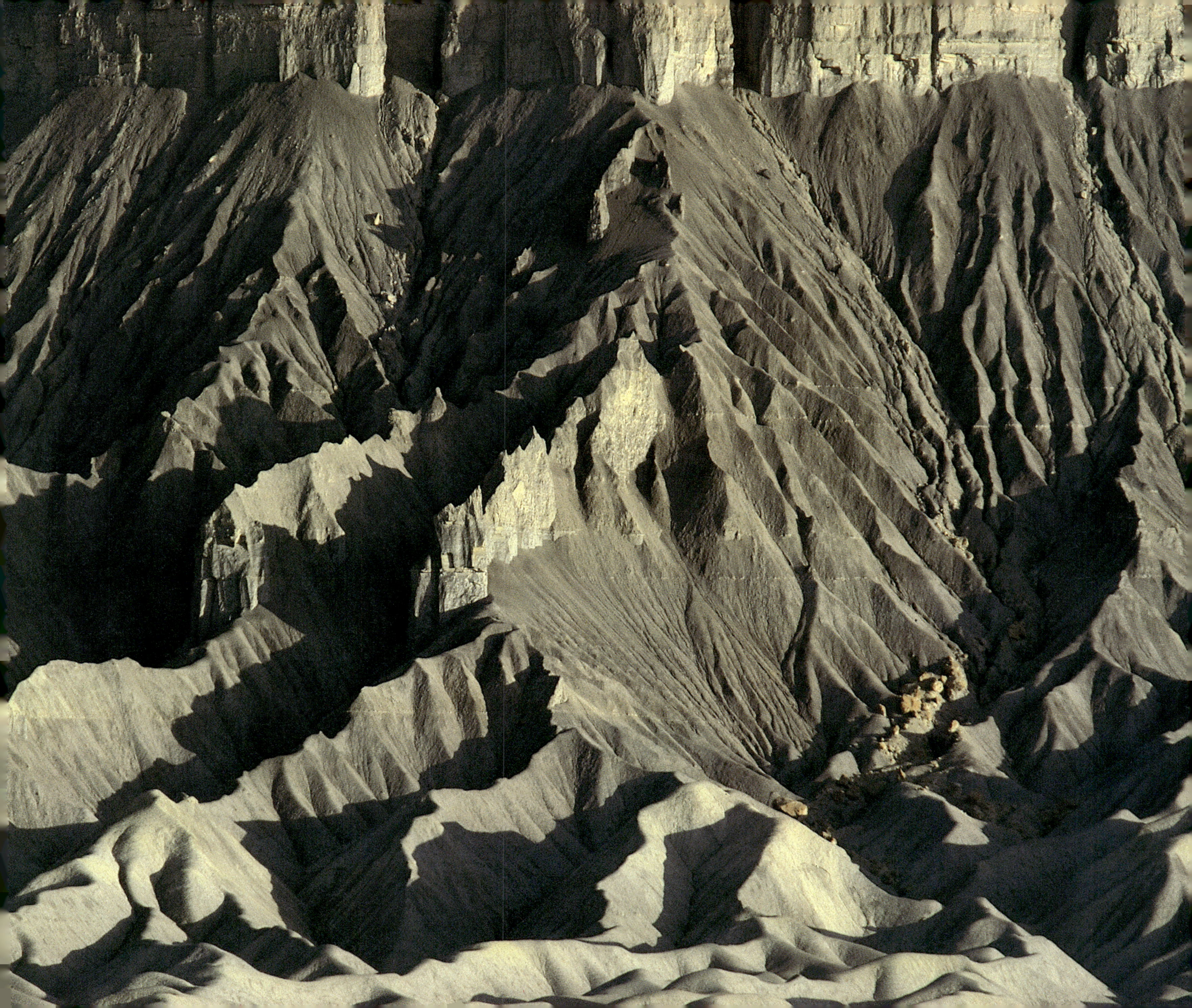

12

13

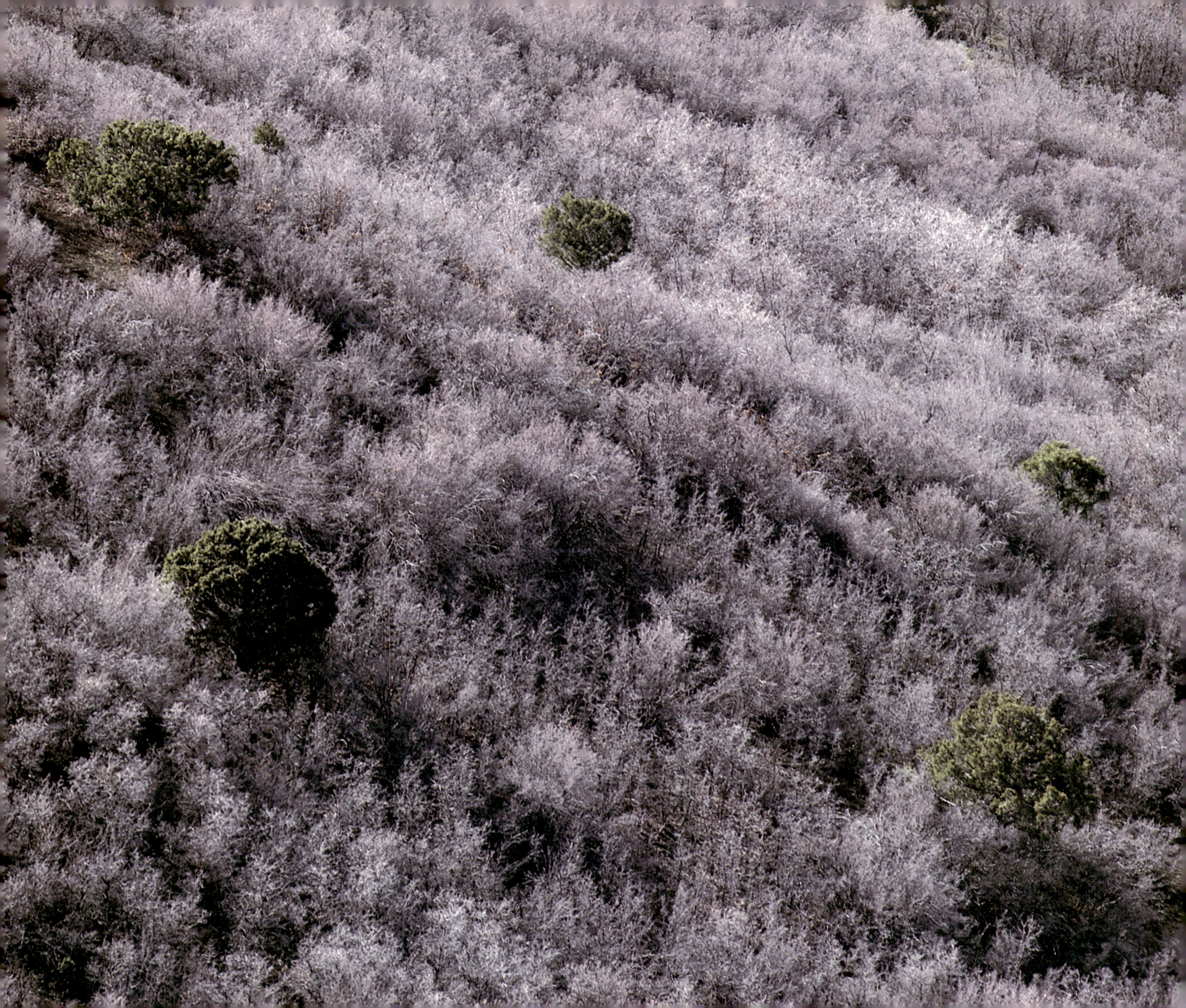

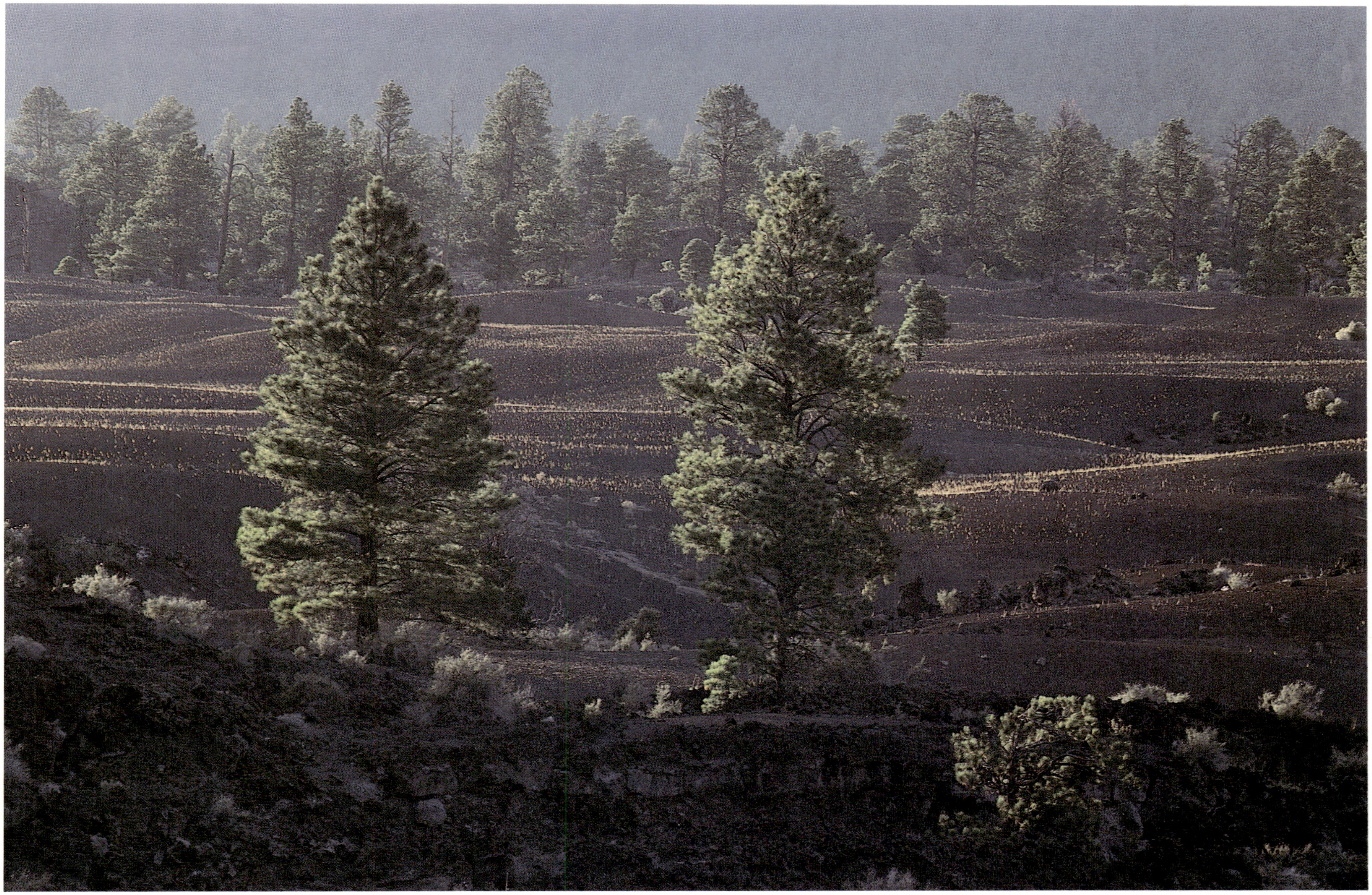

◁ 14 15

16

17

18

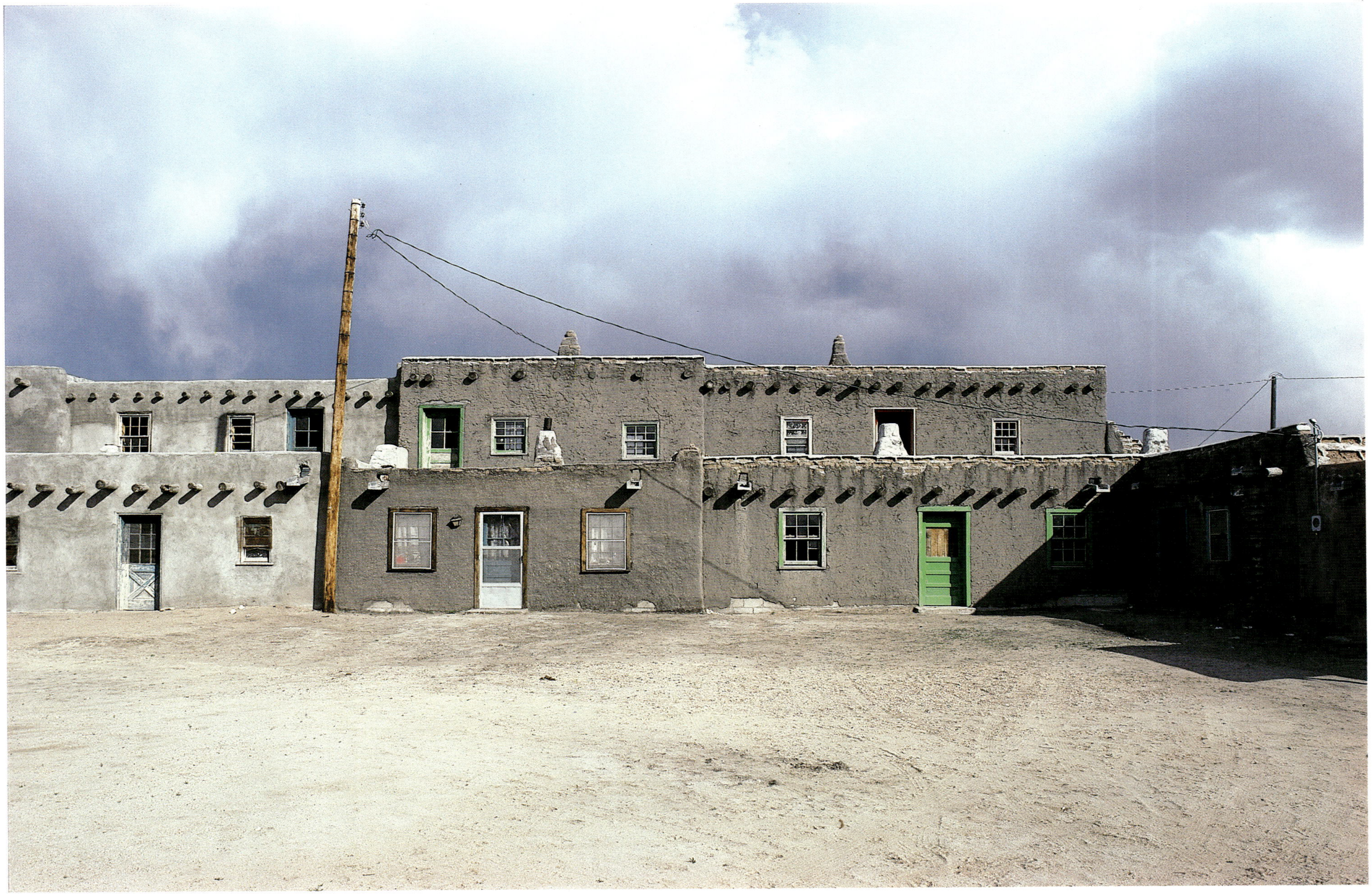

20

21

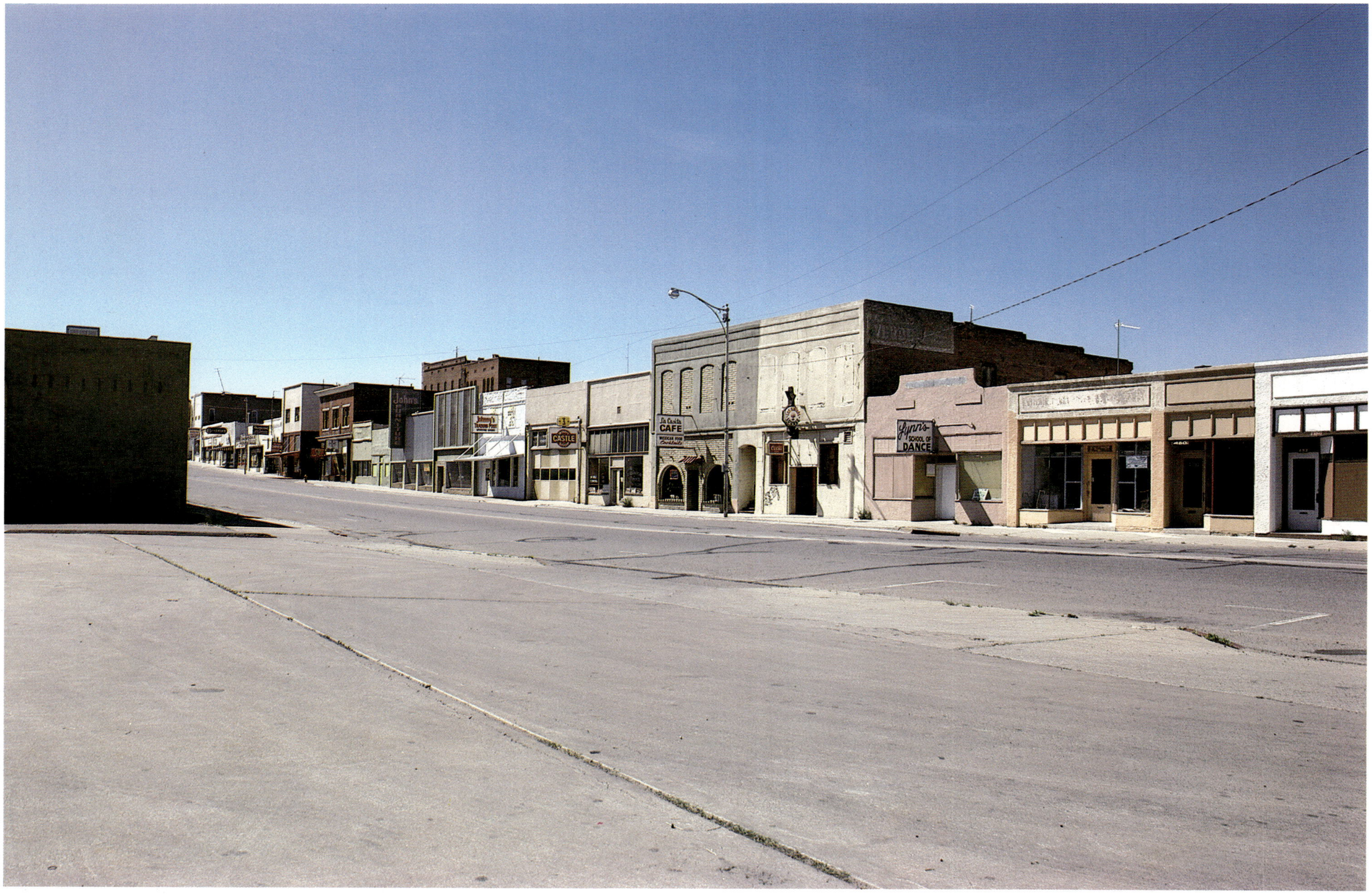

22 23 ▷

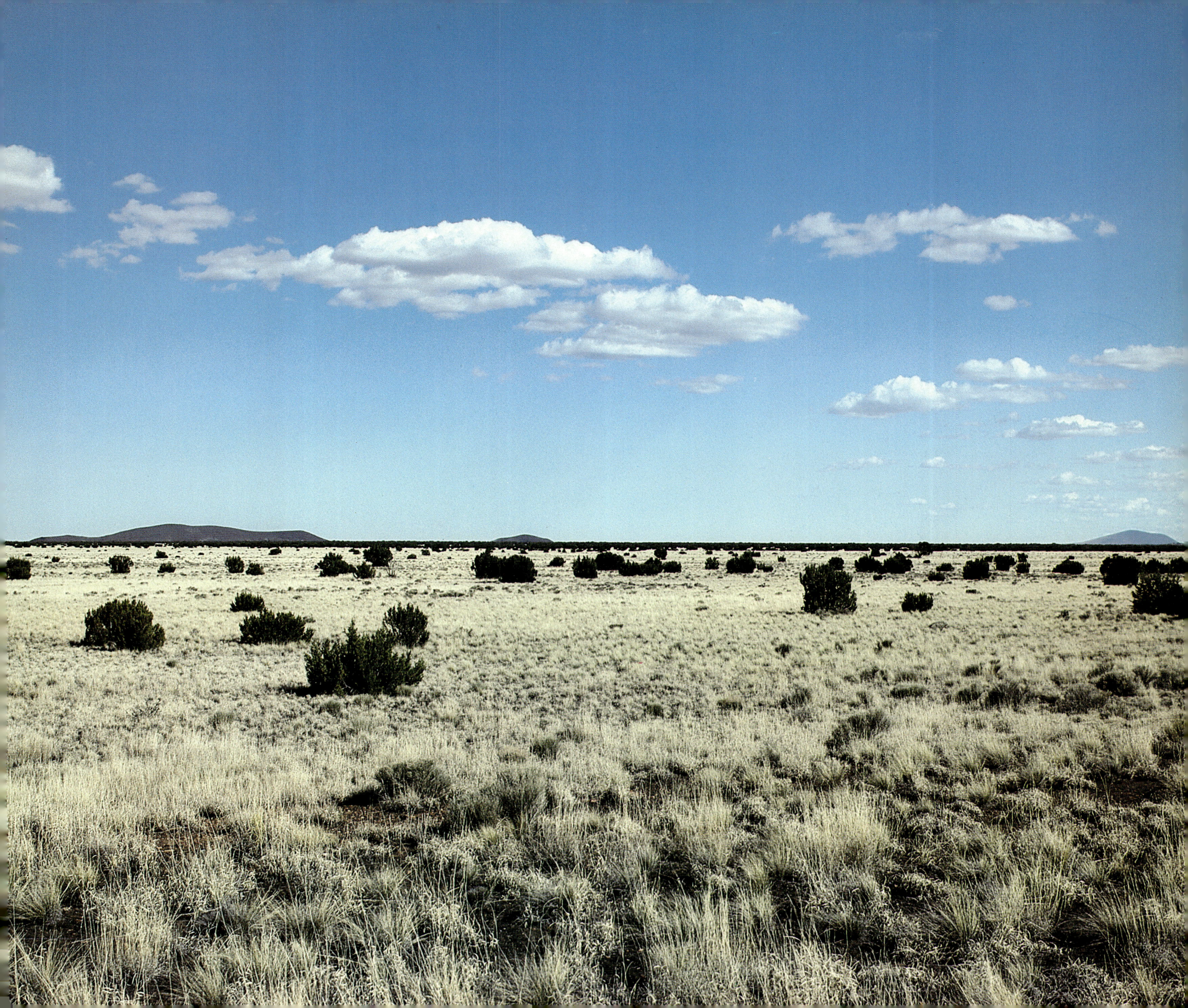

24

25

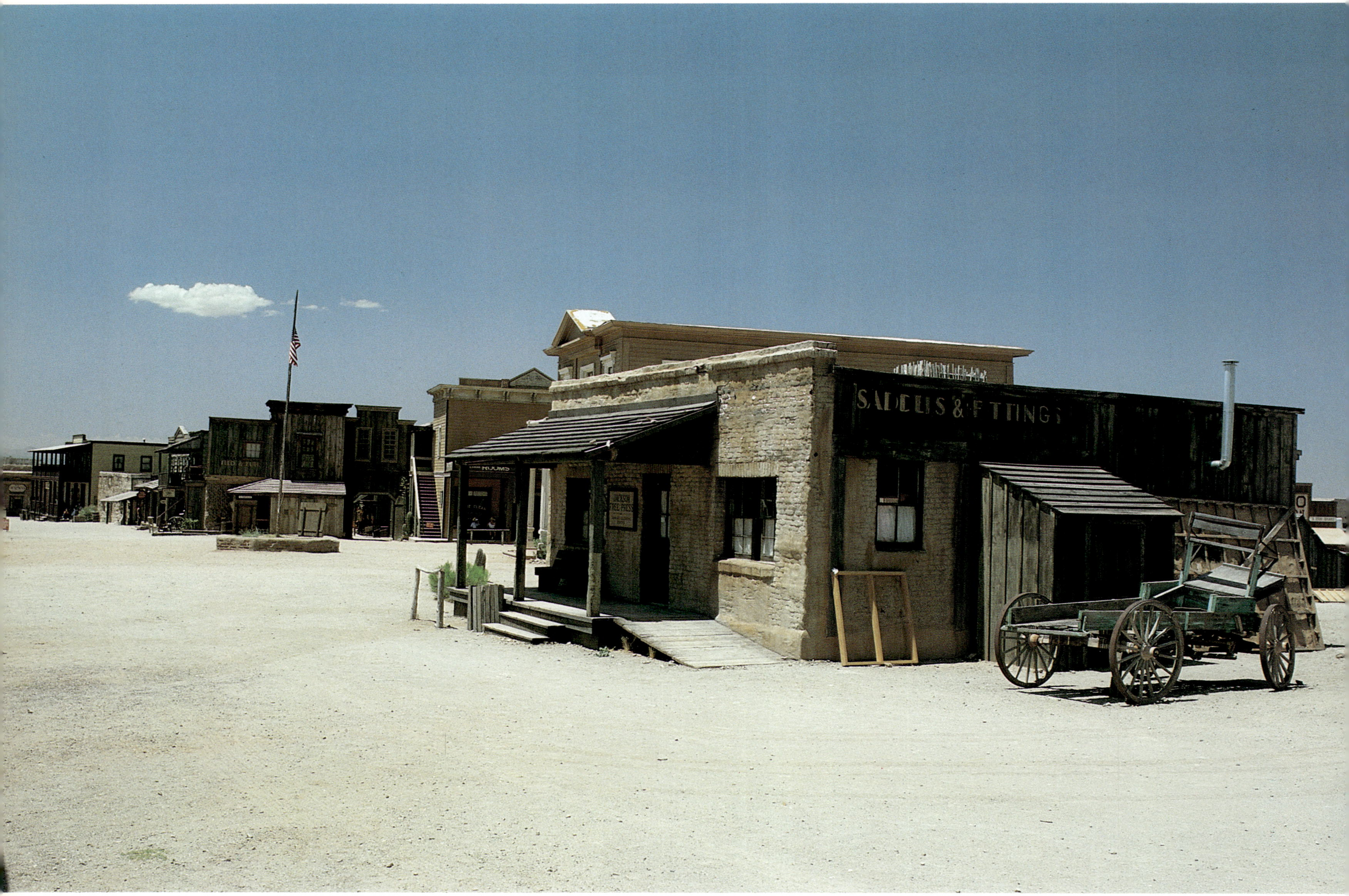

27

◁ 26

28

29

30

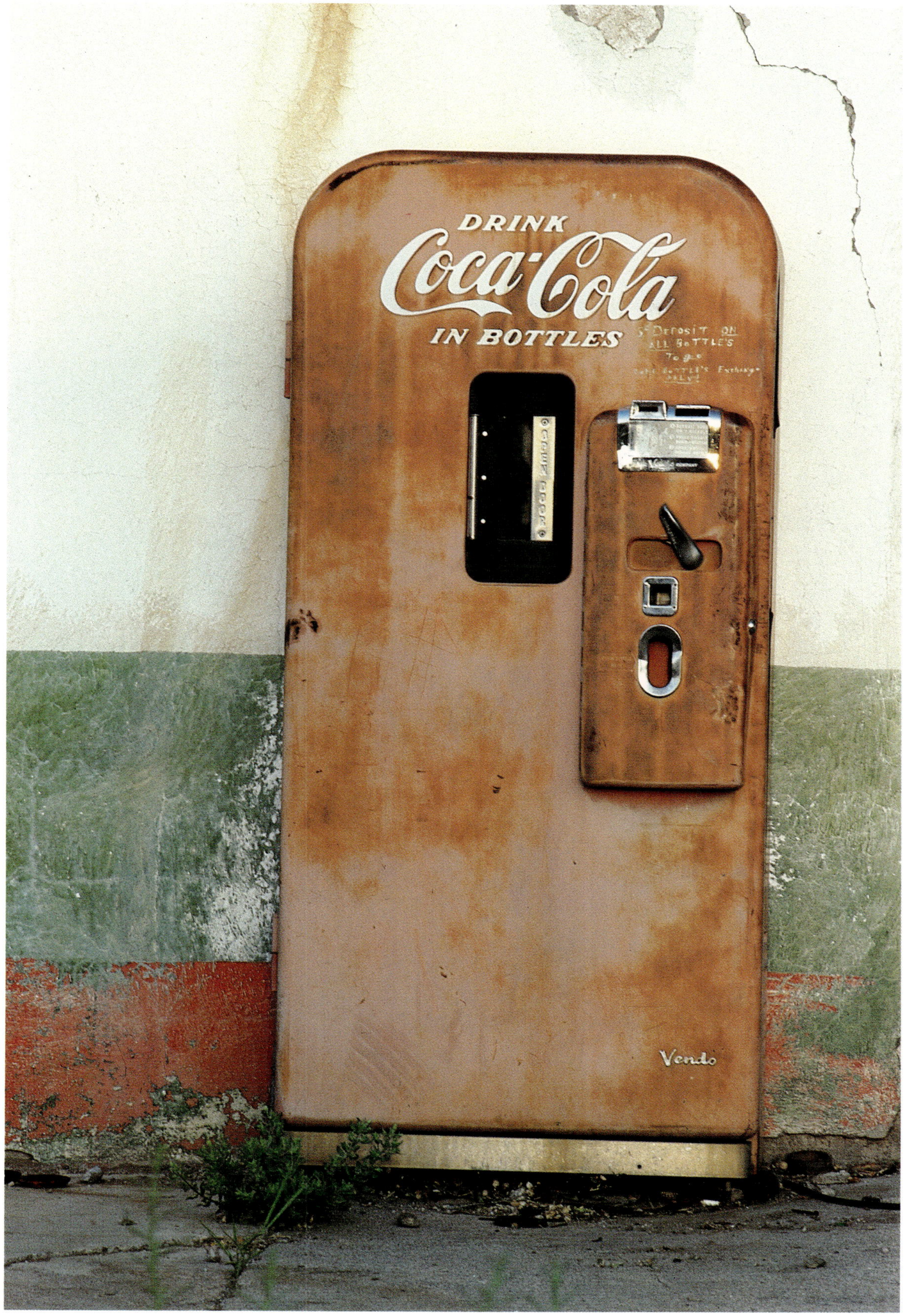
DRINK
Coca-Cola
IN BOTTLES
Vendo

32

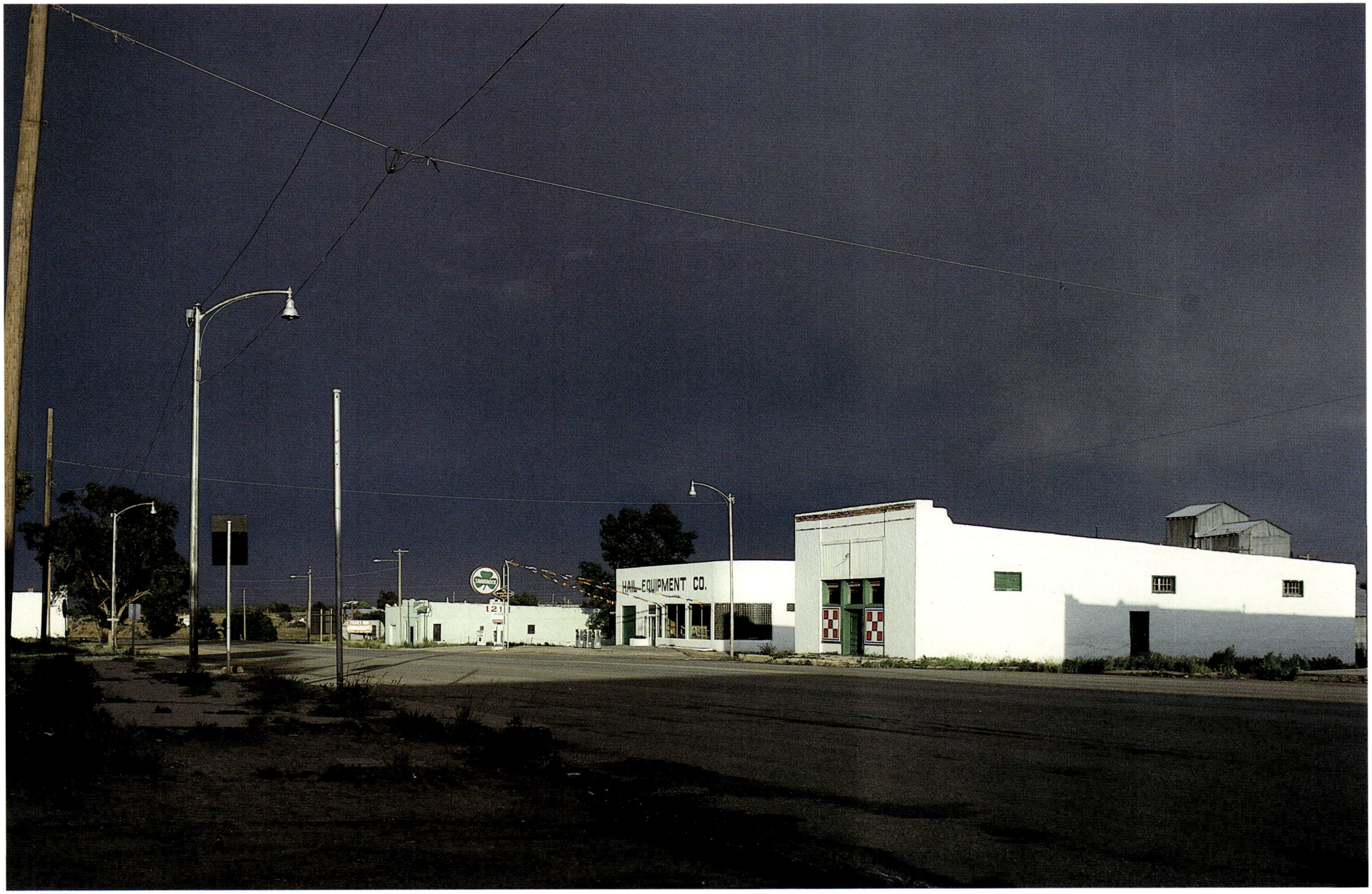
HAIL EQUIPMENT CO.

34

35

36 37 ▷

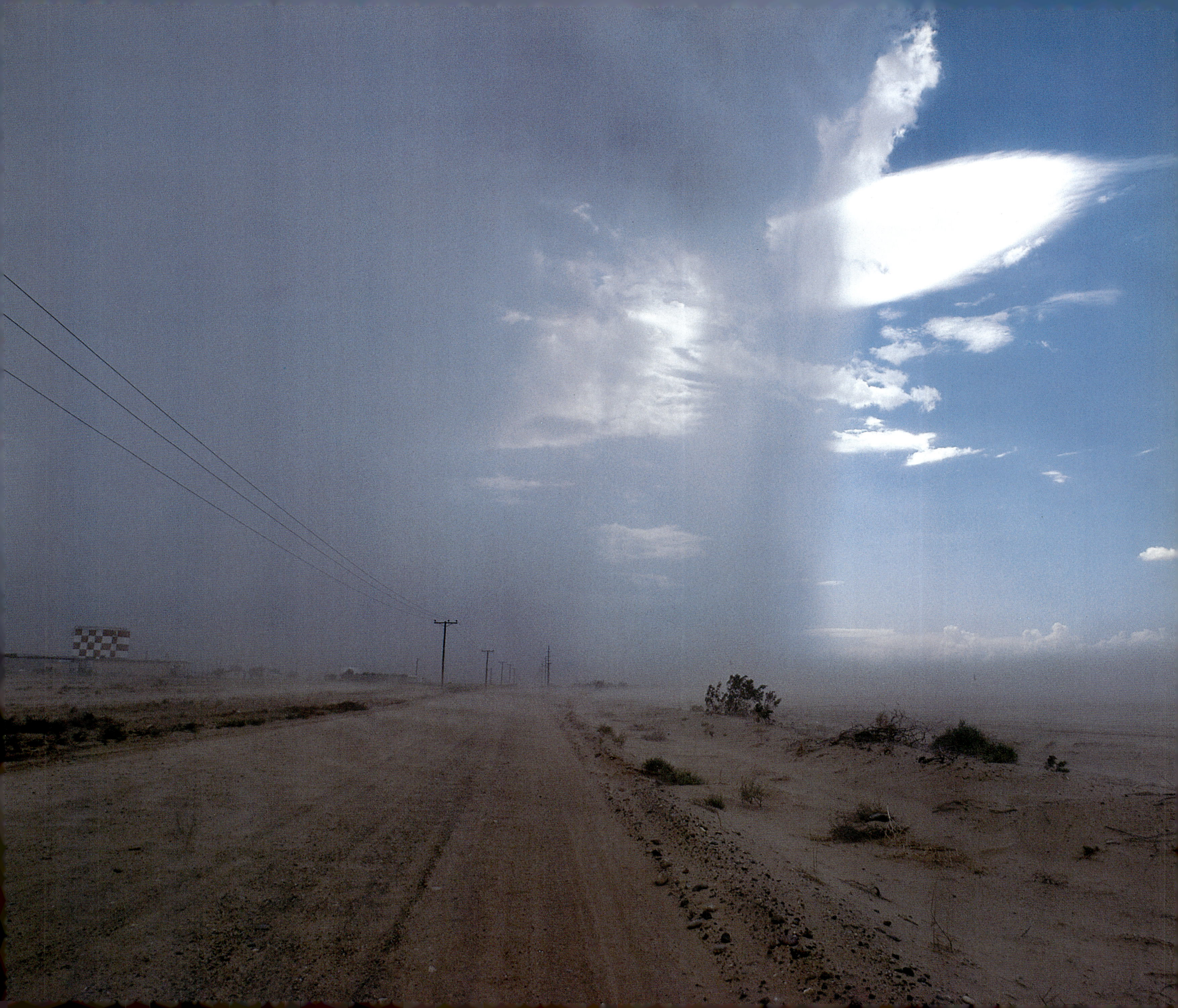

38

39

40

41

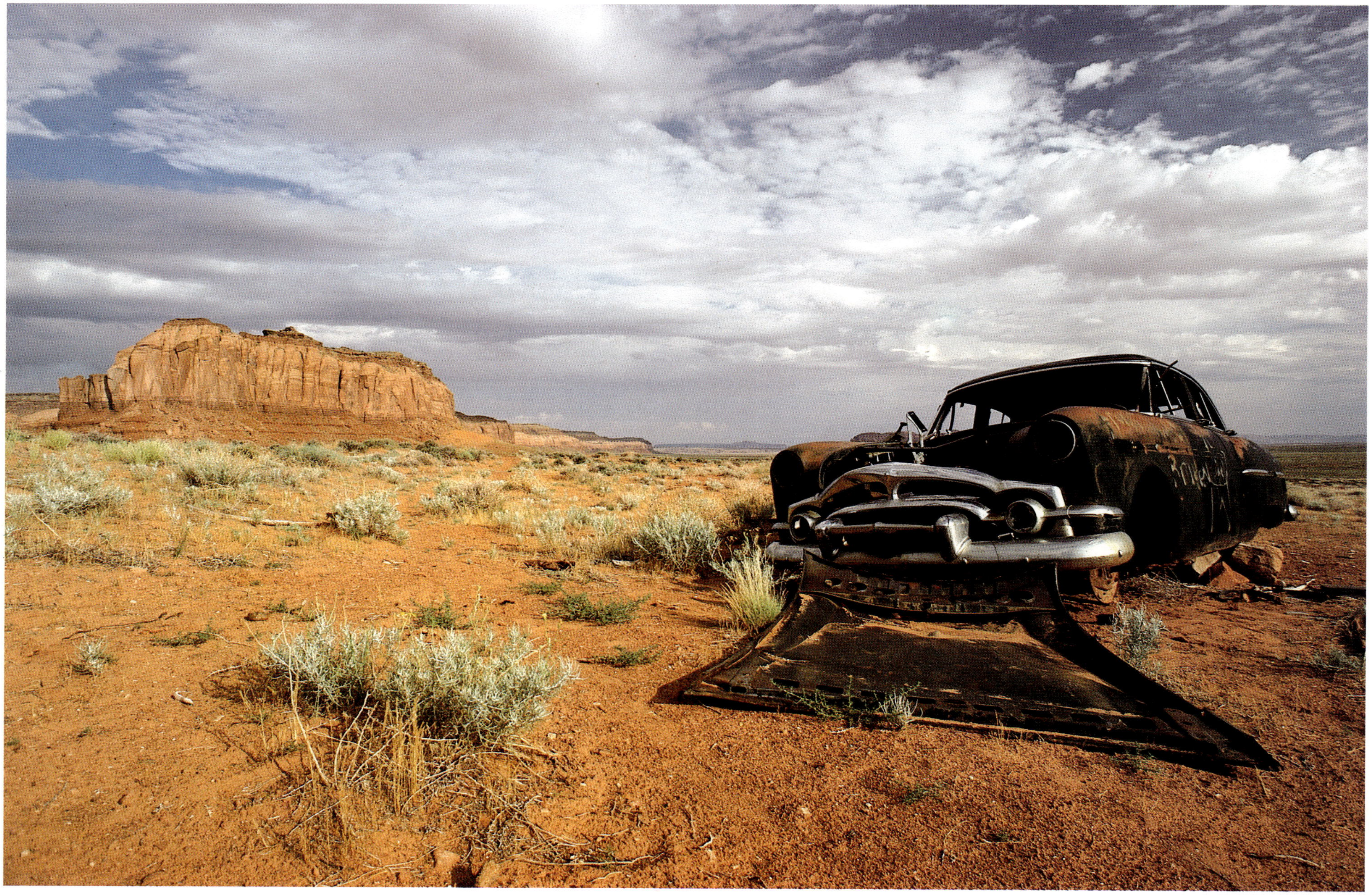

42

43 ▷

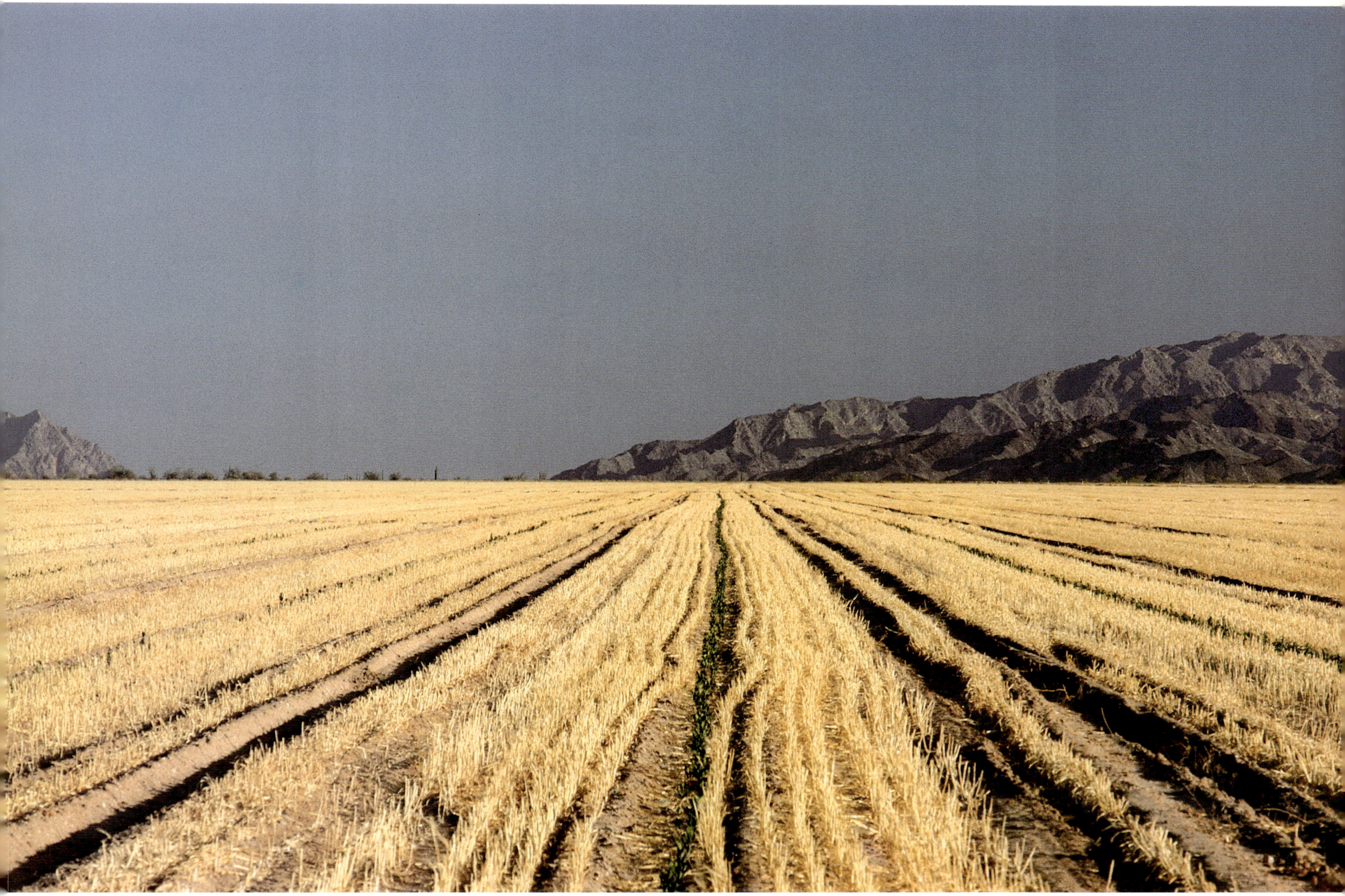

44

45

46

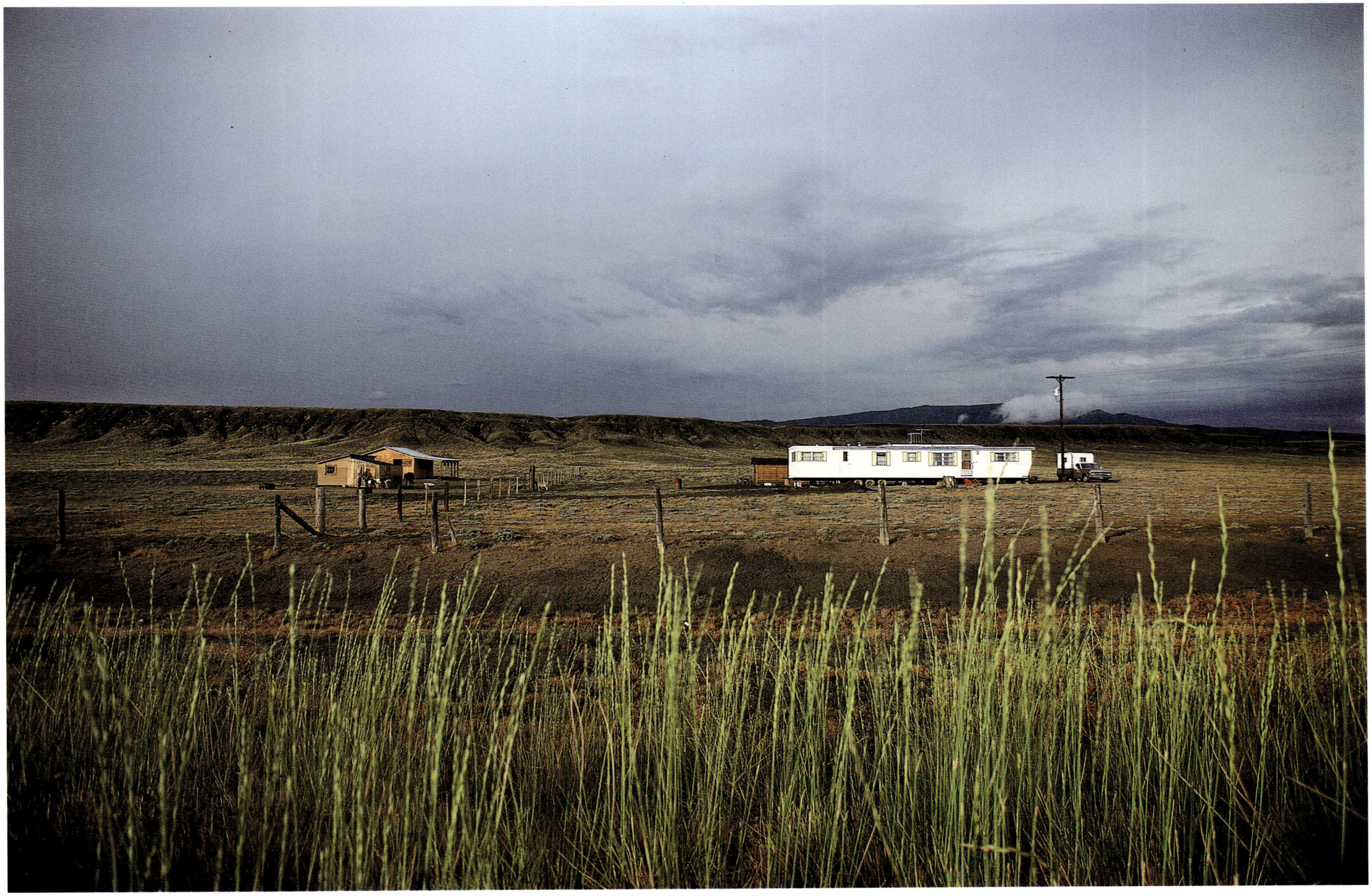

48

49

50

51

52

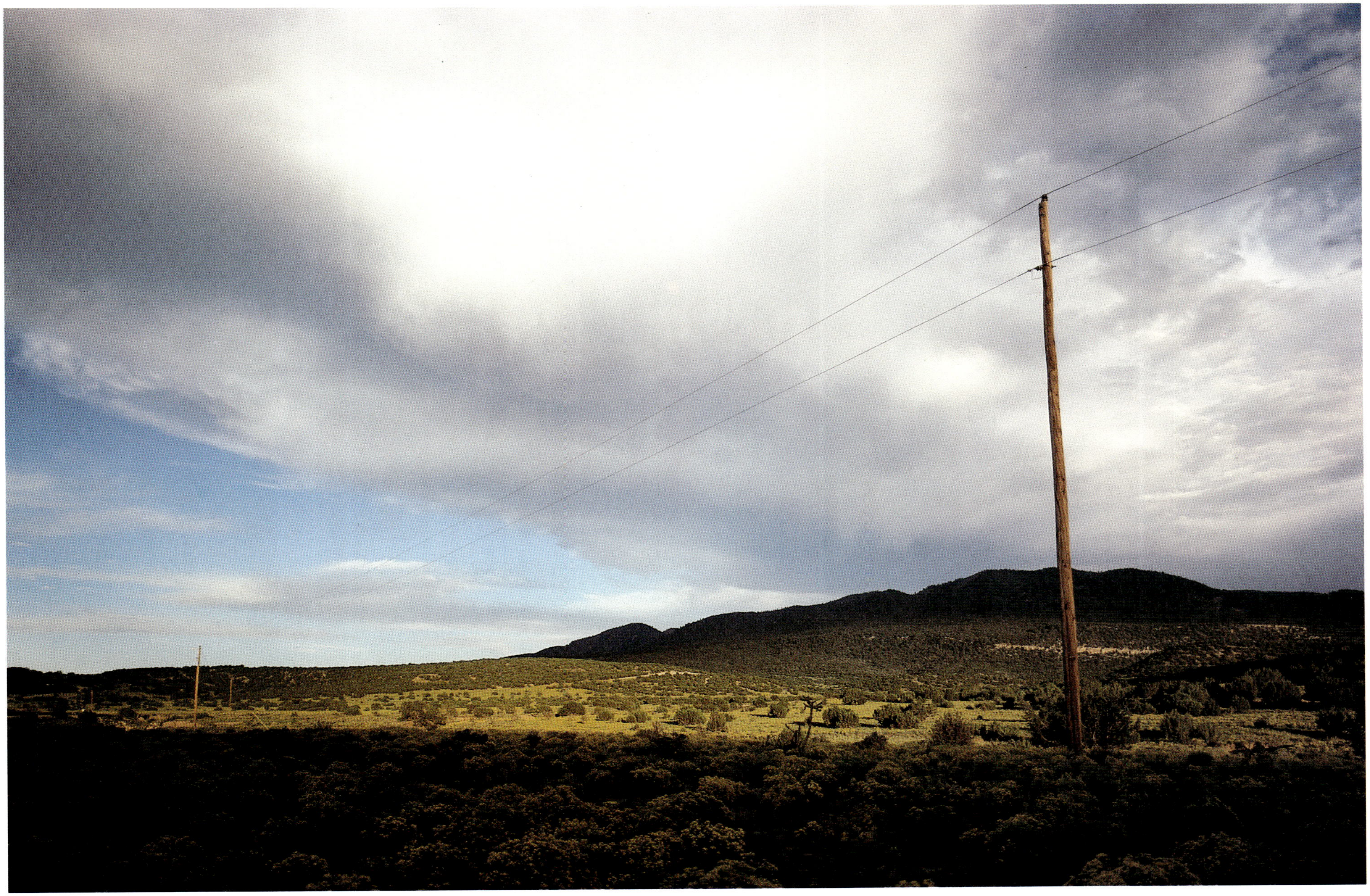

54

55

56

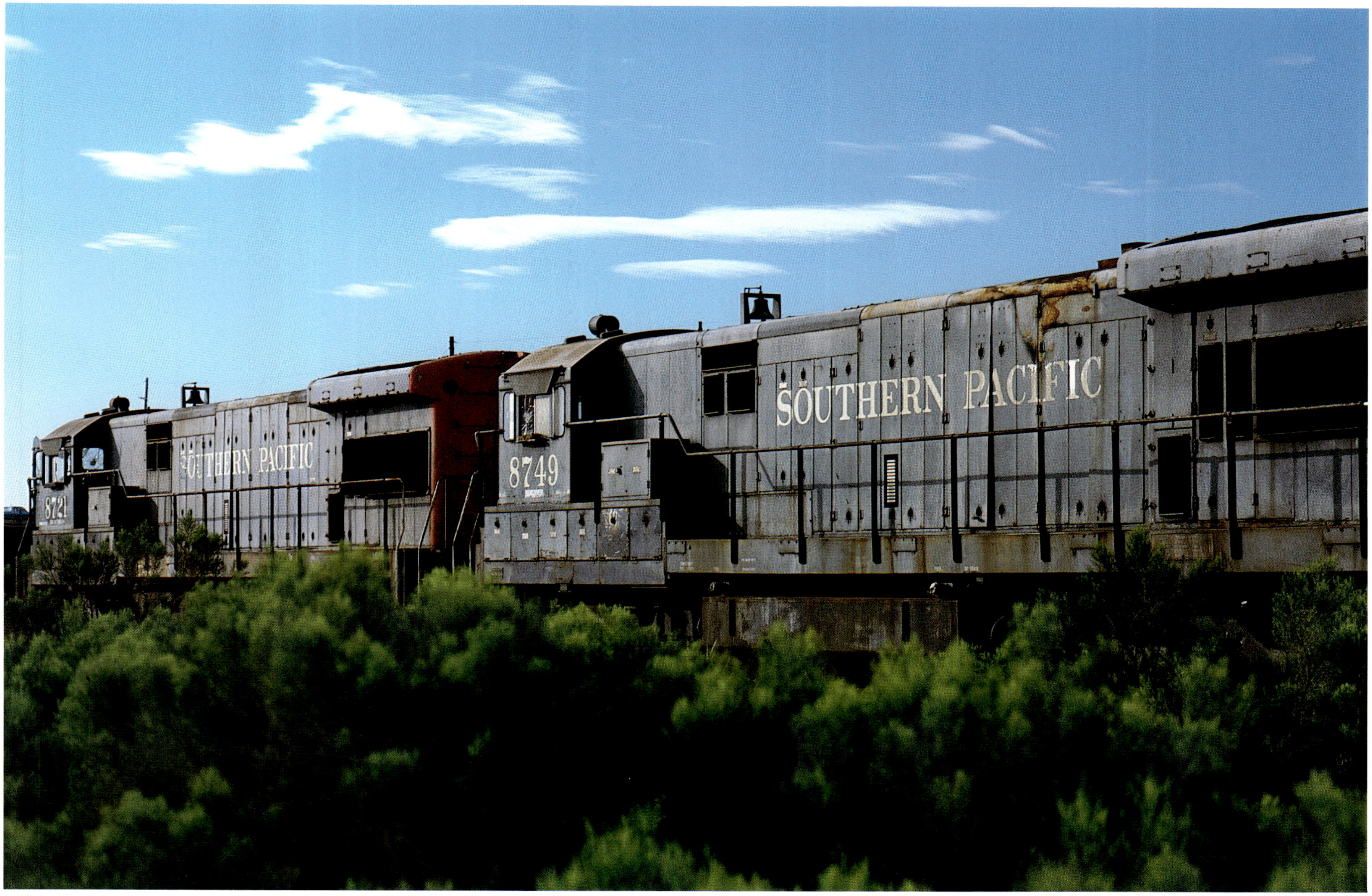
SOUTHERN PACIFIC
8721
SOUTHERN PACIFIC
8749

58

ZIA
DUDLEY MOORE
IN PG
MICKI & MAUDE
BEALTY
NAPA
ROMERO'S
GAMBLES

60

61

62

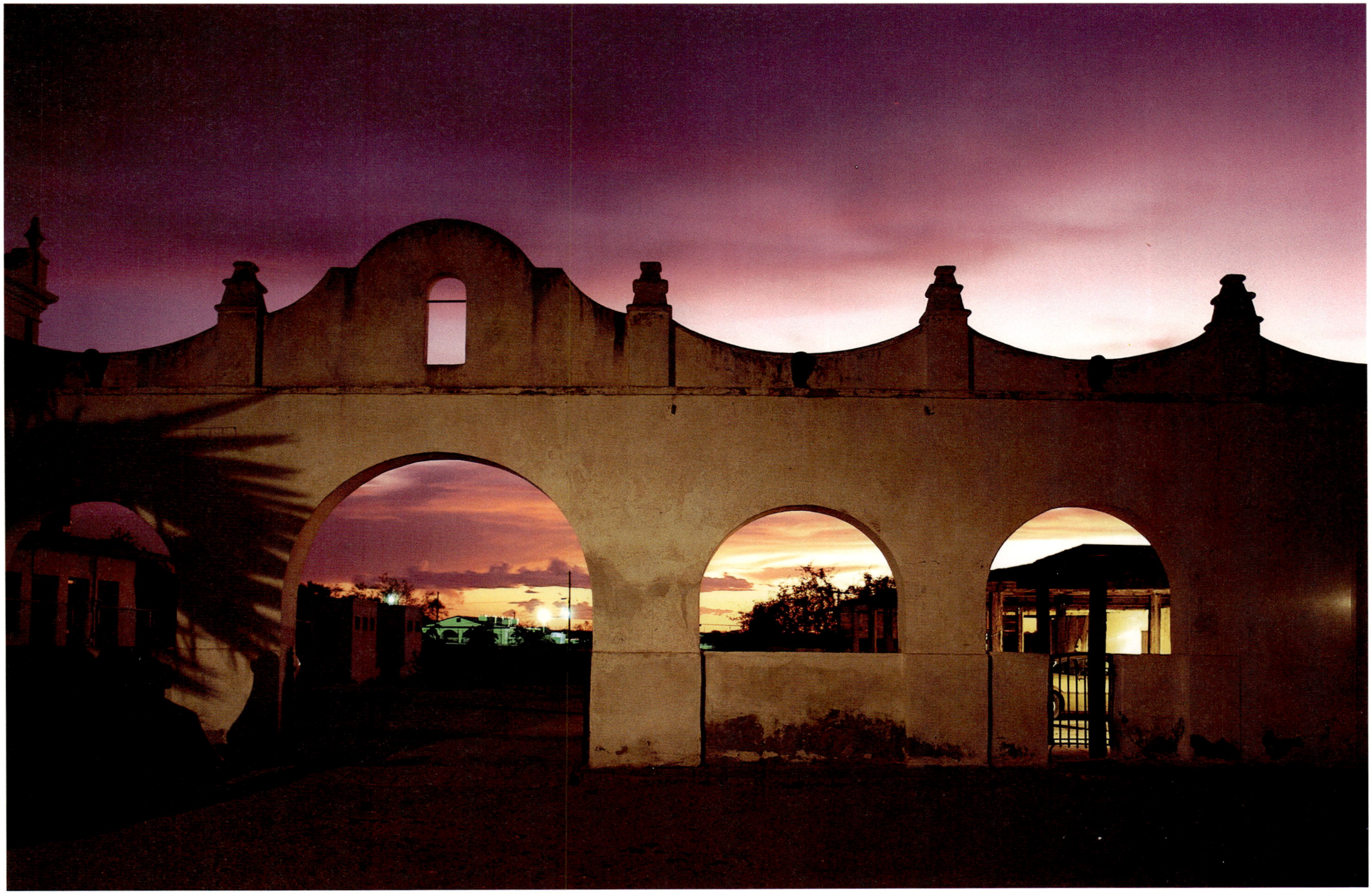

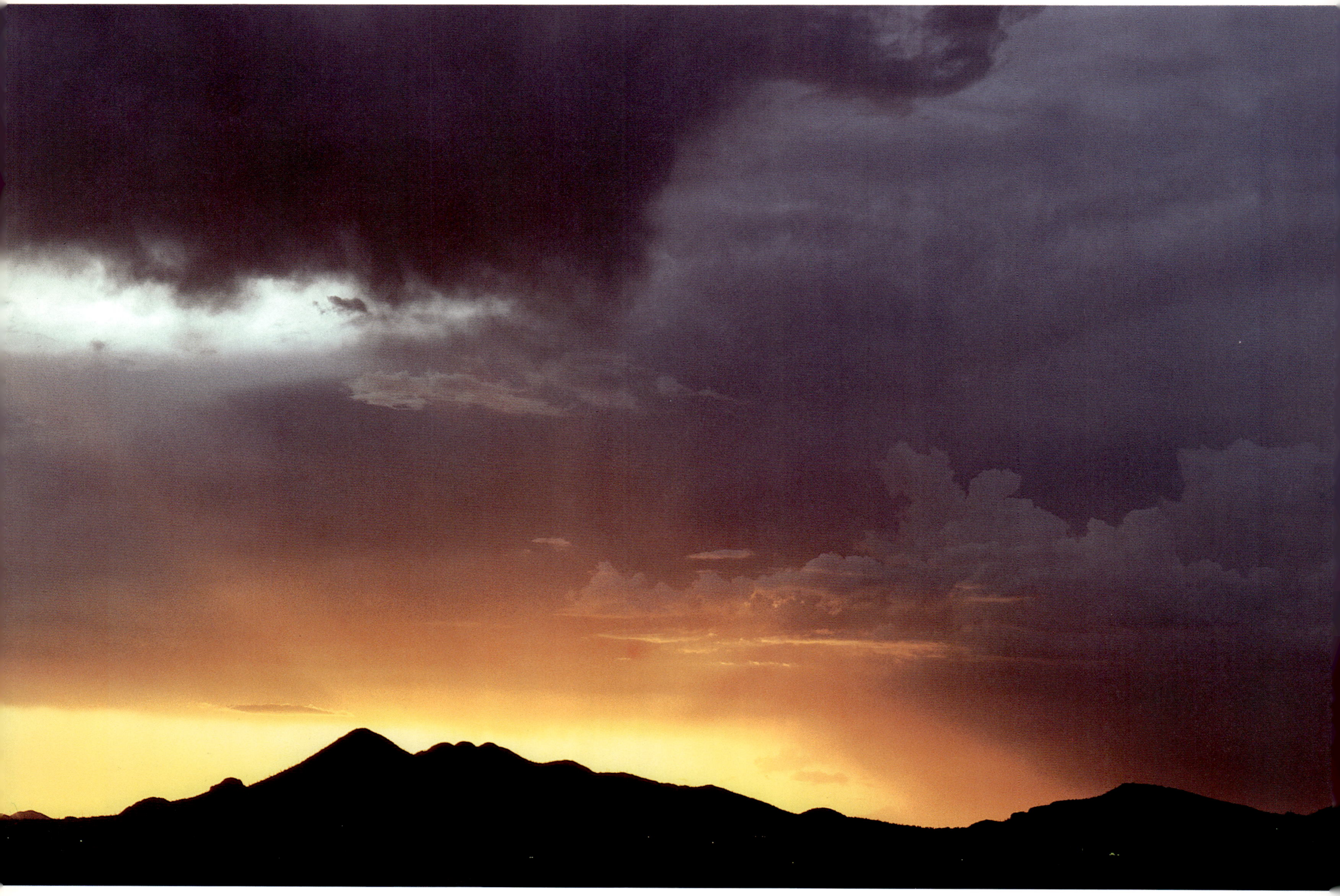

65

◁ 64

66

67

68

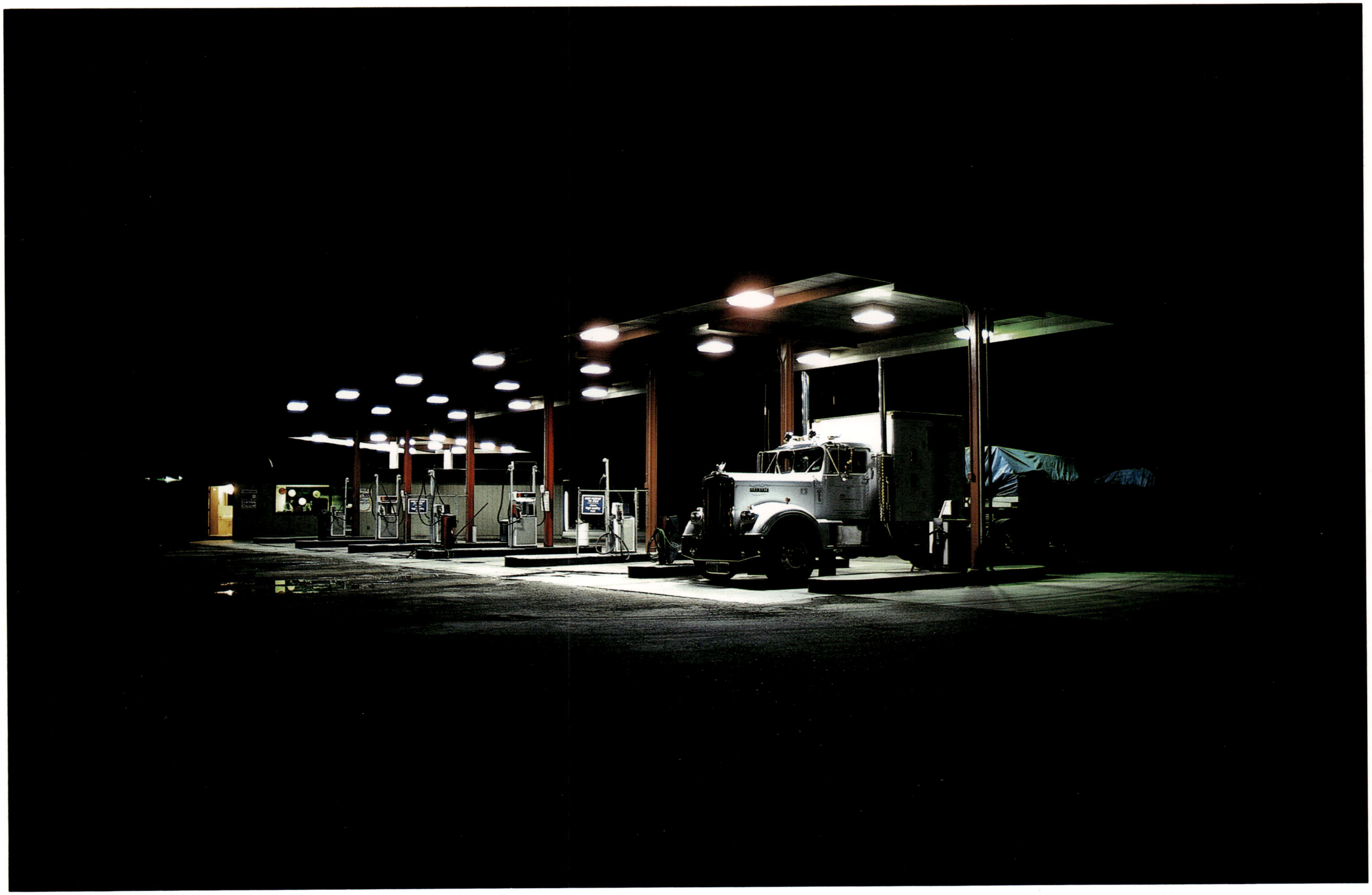

70

71

72

73

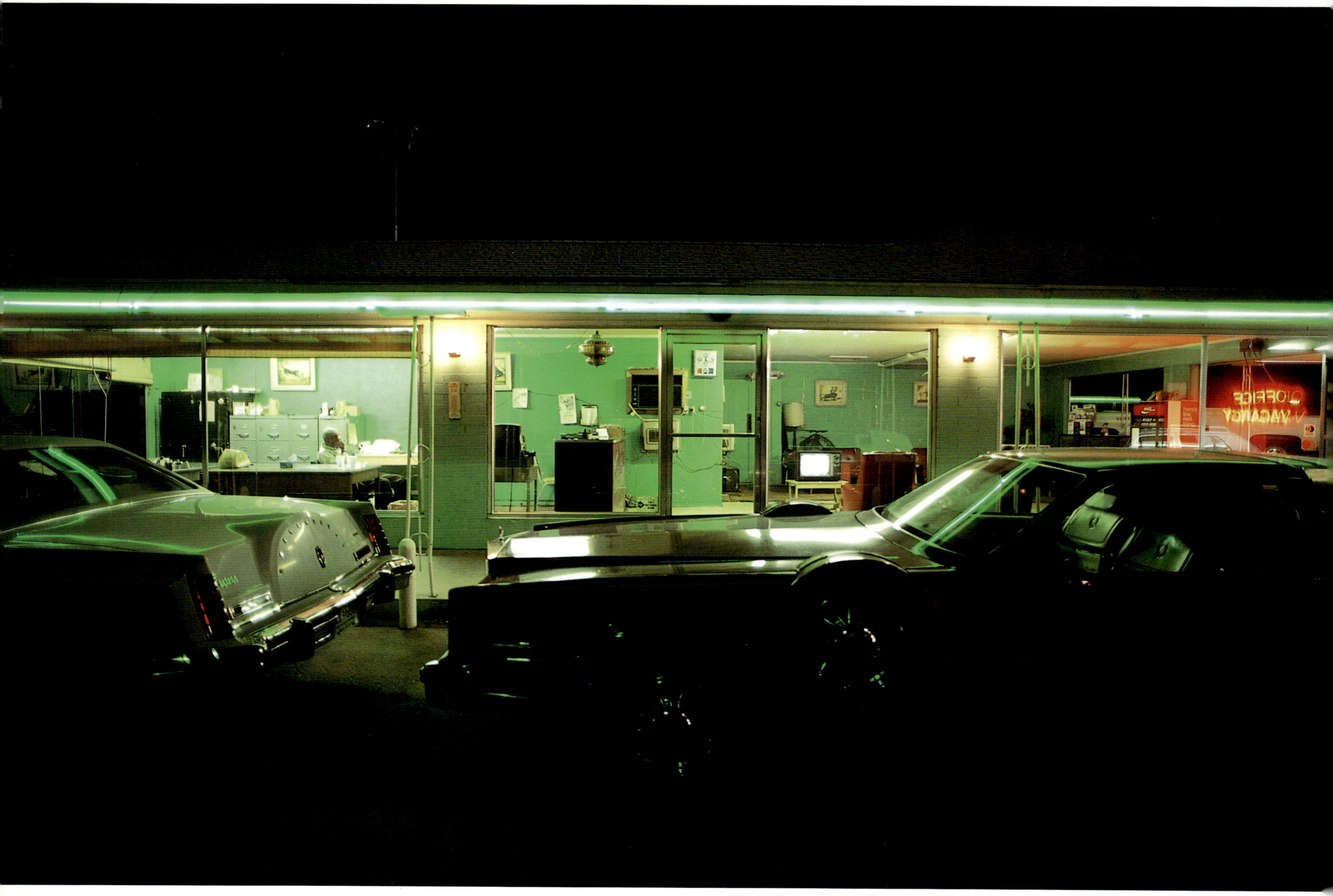

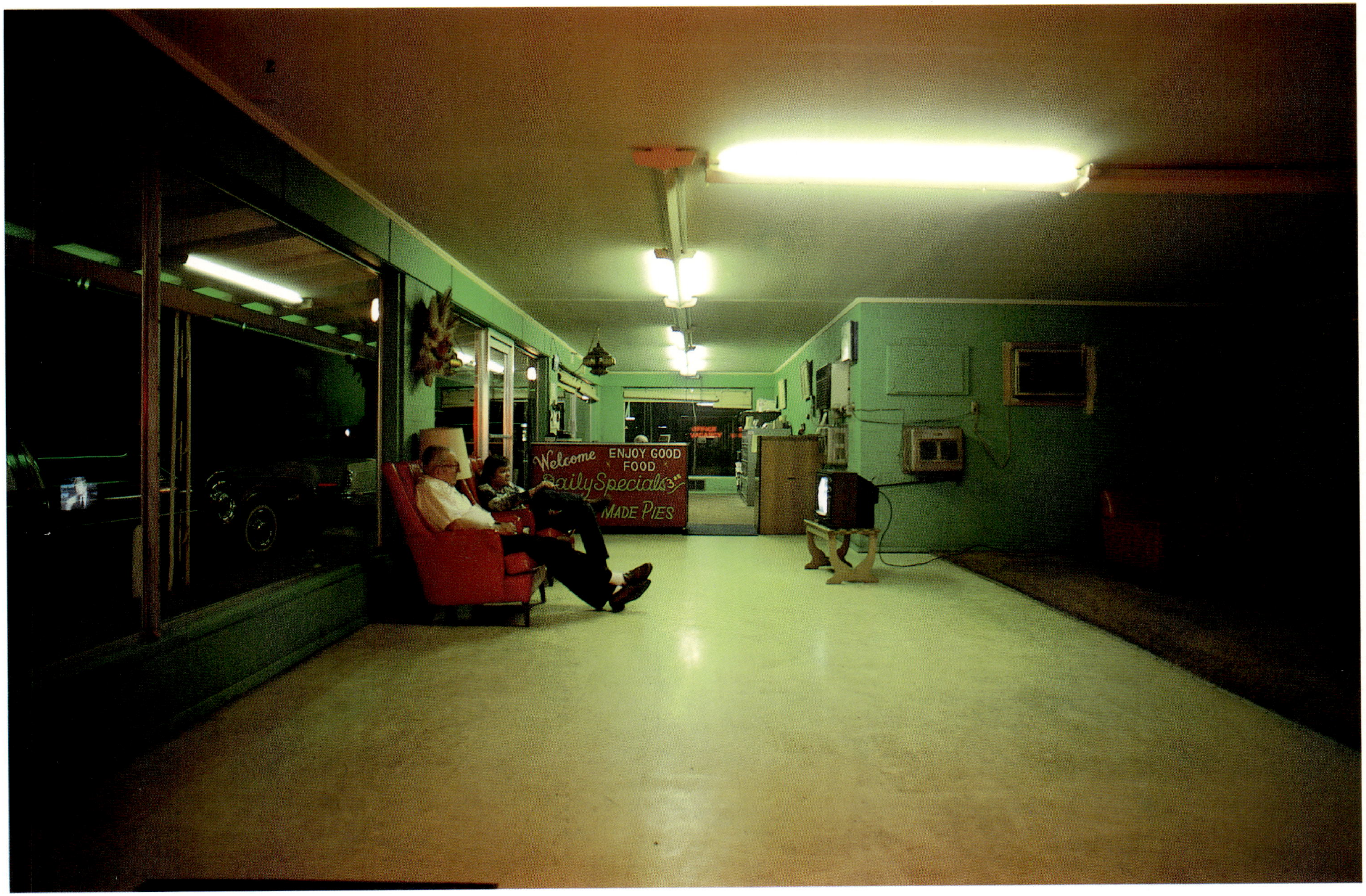

75

◁ 74

76

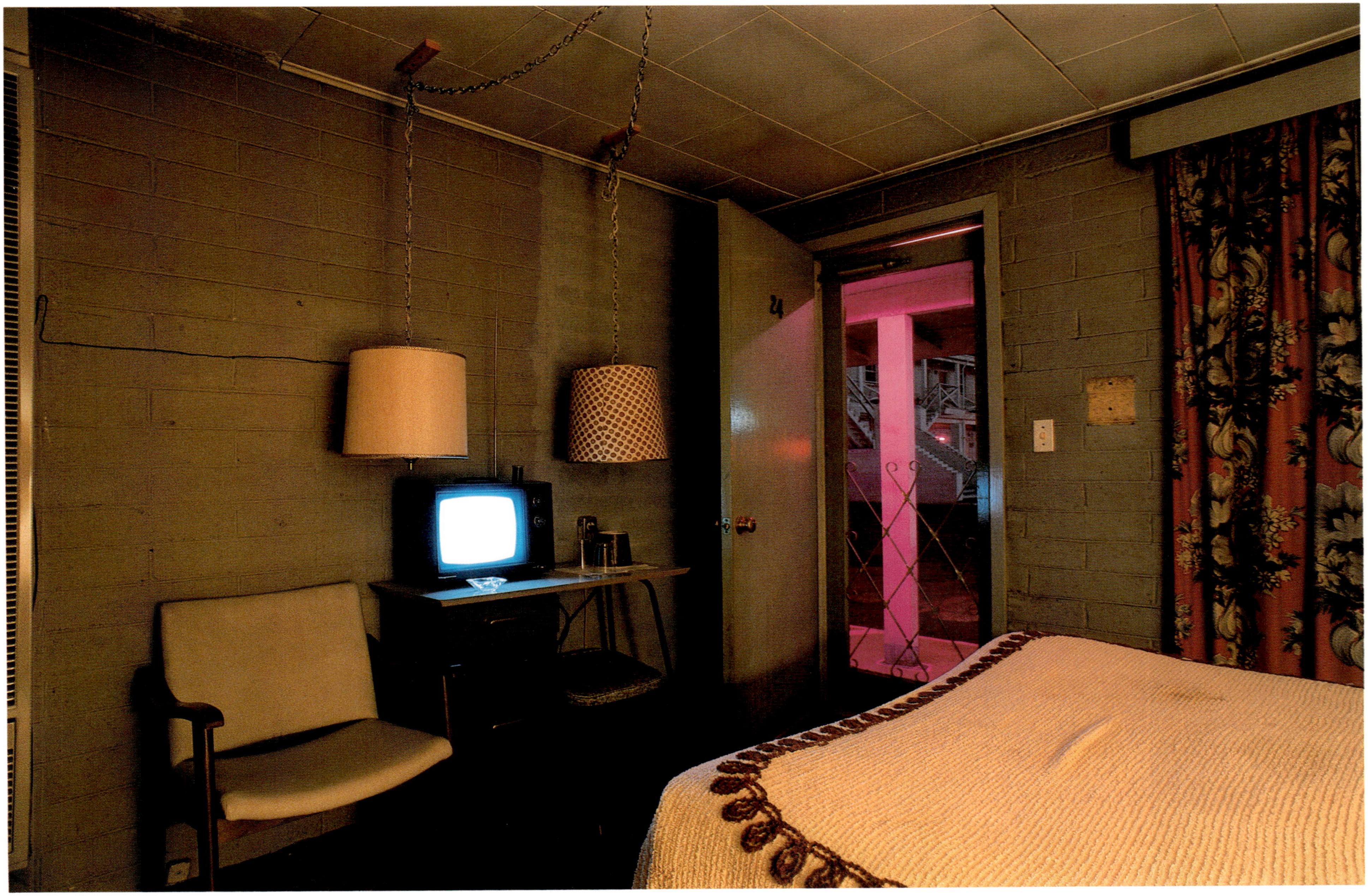

78

79

80